LOS **MUERTOS** TIENEN LA PALABRA

LOS MUERTOS TIENEN LA PALABRA

Dr. Philippe Boxho

Traducción de
Cristina Pineda Huertas

PLAZA JANÉS

Papel certificado por el Forest Stewardship Council®

Título original: *Les morts ont la parole*

Primera edición: enero de 2025

©2022, Kennes
Gestión de derechos internacionales: Susanna Lea Associates
© 2025, Penguin Random House Grupo Editorial, S. A. U.
Travessera de Gràcia, 47-49. 08021 Barcelona
© 2025, Cristina Pineda Huertas, por la traducción

Penguin Random House Grupo Editorial apoya la protección de la propiedad intelectual. La propiedad intelectual estimula la creatividad, defiende la diversidad en el ámbito de las ideas y el conocimiento, promueve la libre expresión y favorece una cultura viva. Gracias por comprar una edición autorizada de este libro y por respetar las leyes de propiedad intelectual al no reproducir ni distribuir ninguna parte de esta obra por ningún medio sin permiso. Al hacerlo está respaldando a los autores y permitiendo que PRHGE continúe publicando libros para todos los lectores. De conformidad con lo dispuesto en el artículo 67.3 del Real Decreto Ley 24/2021, de 2 de noviembre, PRHGE se reserva expresamente los derechos de reproducción y de uso de esta obra y de todos sus elementos mediante medios de lectura mecánica y otros medios adecuados a tal fin. Diríjase a CEDRO (Centro Español de Derechos Reprográficos, http://www.cedro.org) si necesita reproducir algún fragmento de esta obra.

Printed in Spain – Impreso en España

ISBN: 978-84-01-03603-3
Depósito legal: B-19.265-2024

Compuesto en Comptex & Ass., S. L.

Impreso en Rotoprint by Domingo, S. L.
Castellar del Vallès (Barcelona)

L036033

ÍNDICE

Prólogo	11
¿Cómo se convierte uno en médico forense?	14
La escena del crimen	19
Muertos vivientes	29
Casi asesina	38
Hola, ¿papá?	48
La combustión espontánea y otras putrefacciones	62
Varias moscas y un esqueleto	70
Esqueletos a porrillo	76
Una momia excelente	85
Muerte en la granja	95
El hombre que quería morir	101
El ahorcado que no se ahorcó	112
El *insert* de leña	123
Unas balas y ganas de morir	134
El ataque del tenedor	146
Instinto básico	154
La mano al cuello	168
Por hablar demasiado	177
El complot de las mujeres	185
Una muerta sudada y otros ahogados	200
Historias de la *cour d'assises*	207
«¿Cómo puede dedicarse a esto, doctor?»	219

INTRODUCCION

INTRODUCCIÓN

PRÓLOGO

«Una locura» es lo primero que me viene a la cabeza cuando miro las cifras de ventas de mis libros en francés. Ni mucho menos me esperaba semejante éxito. Calculaba llegar a los cinco mil ejemplares (eso, en francés, es la prueba de que el libro ha gustado). Pero han superado con creces mis previsiones más descabelladas. Digo previsiones, y no esperanzas, porque no tenía ninguna esperanza en particular aparte de llegar a esos míticos cinco mil. Tampoco se me ocurrió ni mucho menos pensar que mis libros serían traducidos a otras lenguas y leídos en otros países, incluso en otros continentes.

Mi objetivo nunca ha sido hacerme famoso, ni siquiera hacerme escritor o escribir tres libros seguidos. Mi objetivo es dar a conocer mi trabajo, un trabajo en la sombra, tan maltratado por las series de televisión y las películas en general. Al propio médico forense se lo retrata como un inadaptado a la vida: parece imposible concebir que un médico normal pueda preferir hacer hablar a los muertos antes que escuchar a los vivos.

Mi primer libro está dedicado a anécdotas que forman parte de mis clases en la Universidad de Lieja; los dos siguientes, a historias de asesinatos o falsos suicidios, más dos capítulos de aspectos históricos.

Todos estos relatos son reales en el sentido de que las pruebas forenses lo son, pero, por supuesto, aparecen novelados para que resulten más agradables de leer que un simple informe médico forense. Tanto los nombres como la contextualización de las historias son ficcionados, al menos la parte que desconozco. Pero, por lo demás, todo lo que van a leer en este libro es cierto, nada es inventado. Ni siquiera habría sido necesario, porque la realidad se basta a sí misma y la imaginación humana, como verán, vuela libre a la hora de matar, suicidarse o hacer desaparecer un cuerpo.

Lo que me gusta por encima de todo es lanzarme a la búsqueda de rastros e indicios, todos esos elementos que permiten dar la palabra una última vez a los muertos y oír lo que tienen que decir, dejarlos hablar, en definitiva; de ahí el título de esta obra, *Los muertos tienen la palabra*, donde relato una serie de anécdotas de la práctica forense. Anécdotas sorprendentes, insólitas y a veces increíbles, como la de los muertos que estaban vivos, la hija que creía haber matado a su padre a tiros, el ahorcado que no se ahorcó y tantas otras.

La medicina forense no es una profesión triste, como comprobarán al leer las historias que he vivido. El respeto que se debe a los difuntos es el mismo que se debe a los vivos, y siempre he pensado que, si manipulaba cadáveres y practicaba autopsias para averiguar las causas de una muerte, era en nombre de ese respeto. Así que no se sorprendan de que narre estas historias con humor. No se trata en absoluto de una falta de respeto. Nos reímos de la muerte, incluso de las circunstancias que la rodean, pero jamás del propio muerto.

Todas las autopsias y los exámenes de cadáveres que encontrarán en este libro se han realizado con respeto por el difunto. La sala de autopsias es un espacio cotidiano donde se trabaja y se departe con jueces y fiscales, los investigadores y la científica. Algunos nos conocemos desde hace tiempo y hablamos de la familia, los hijos, los compañeros y los conocidos en común, nos contamos los chascarrillos del momento, y a veces hasta nos reímos, pero nunca a costa del cuerpo al que se le hace la autopsia. Con el mismo espíritu de respeto al difunto, todos los cuerpos se cosen después de reintroducir los órganos, que se extraen para su análisis y examen. El cuerpo cosido se devuelve a la familia para un eventual último adiós.

También he decidido no contar estas historias en tono lastimero: la muerte no es algo trágico para el que se muere, tampoco lo es para quien trabaja con ella. Cada persona que examino es un objeto de trabajo, no se convierte en sujeto hasta que la familia comienza a hablarme de ella. Por eso, no me gusta ver a la familia antes del examen de un difunto; me reúno con ellos después si lo desean y si el juez lo autoriza.

El tono de la obra es más bien divertido, incluso cómico por momentos. No hay que concluir por ello que me esté burlando del cadáver o del autor del crimen; nunca es el caso. El tono es el que es porque yo soy el que soy y prefiero reírme de la muerte antes de que ella me sonría a mí algún día.

Por último, lo que de verdad me hace feliz es imaginarles a ustedes, mis lectores por todo el mundo, sonreír mientras leen mis libros cómodamente sentados en sus butacas, incluso reír, tal vez...

¿CÓMO SE CONVIERTE UNO EN MÉDICO FORENSE?

Me imagino perfectamente la primera pregunta que les viene a la cabeza, no me cabe duda de que es la que más me han hecho en treinta años de carrera: ¿cómo se convierte uno en médico forense? Se lo aseguro, no es que me levantara un día de repente con esa brillante idea. Como le pasa a todo el mundo —pues, a fin de cuentas, la medicina forense no deja de ser una profesión (casi) como cualquier otra—, mi decisión fue el resultado conjunto de largas reflexiones, encuentros con otras personas y alguna que otra coincidencia o revelación.

A los dieciocho años, la edad en la que todo es posible, yo quería ser sacerdote. Crecí en una familia católica, era practicante y ayudaba en misa todos los sábados y domingos; hacía las lecturas e incluso asistía al cura de nuestra parroquia cuando daba la comunión, un hombre de aspecto severo pero con un corazón de oro. Iba a un colegio de jesuitas y no tenía muy claro mi futuro. El sacerdocio me llamaba mucho; me encantaba estudiar los evangelios, el trato con la gente y ayudar a quienes lo necesitaban, y me sentía preparado.

Desde hacía varios años, en verano, acompañaba a unos amigos a Lourdes, entre ellos, a un padre jesuita con el que mantengo buena relación desde los quince años. Hacíamos voluntariado unas semanas en la Hospitalité Notre-Dame de Lourdes.

Aquel verano de 1983 estaba colaborando en las piscinas del santuario cuando llegó el obispo de mi diócesis para una inmersión en la que yo atendía. Era una gran oportunidad y, al terminar, decidí seguirlo para hablarle de mi vocación. Nos sentamos en un banco a orillas del Gave, el río que atraviesa Lourdes, y estuvimos hablando durante algo menos de una hora, al final de la cual me recomendó matricularme primero en la universidad, y volver a verlo cuando acabara si persistía en mi petición. Salí de allí muy contento de habérmelo encontrado y convencido de seguir su consejo.

El edificio que albergaba la universidad, en pleno corazón de Lieja, mi ciudad, era sombrío e imponente. Iba a matricularme en primero, aunque seguía dudando entre Medicina y Derecho. Dos carreras muy diferentes entre sí, pero que tenían en común que abordaban en general al ser humano y servían para resolver los problemas que se le plantean. Subí las monumentales escaleras que conducían a la planta del rectorado, donde podía matricularme. En aquella época, todavía se hacía a mano; los ordenadores no eran lo que son hoy en día, no existía internet y los teléfonos aún estaban fijos a la pared. Me da la sensación de ser más viejo que un dinosaurio cuando cuento esto. Me detuve en el pasillo, cargado de dudas. ¿Derecho o Medicina? Había lanzado tantas monedas al aire que el resultado estaba igualado al cincuenta por ciento, lo cual no ayudaba en absoluto. Al cabo de una hora, viendo que estaban a punto de cerrar y que no arreglaría nada con volver al día siguiente, tomé una decisión: me iría con el siguiente ayudante que saliera de la secretaría para llamar a matricular a un nuevo estudiante, ya fuera para Derecho o para Medicina. Las matrículas de Medicina las hacía una chica, mientras que las de Derecho las hacía un chico. Ambos se acercaron a la puerta al mismo tiempo. Educadamente, el estudiante que hacía las matrículas de Derecho, cedió el paso a la que hacía las de Medicina, y así fue como acabé en esta carrera.

Me apasionaban las clases y los profesores, estaba descubriendo la ciencia. Yo, que siempre había estudiado humanidades grecolatinas y tenía poca predisposición para las disciplinas científicas. Al término del primer curso, me encontré de nuevo con el obispo de Lieja, monseñor Van Zuylen, y le confesé que había abandonado la idea de hacerme cura. No le sorprendió mucho, porque en su opinión lo que yo profesaba no era fe, sino una sed intelectual que distaba mucho de parecérsele. Aunque he acabado volviéndome ateo, no soy anticlerical y aún conservo unos cuantos amigos sacerdotes, algunos incluso del Opus Dei, y otros que han colgado los hábitos. De hecho, todavía lamento haber perdido la fe: ¡era una esperanza tan bonita!

Mis estudios seguían avanzando y empecé a colaborar como estudiante auxiliar en anatomía topográfica, es decir, disección, un puesto que ocupé durante cuatro años y que me sirvió para adquirir un amplio conocimiento de la anatomía humana que, aunque entonces no lo supiera, acabaría siéndome muy útil. Durante aquella época, un condiscípulo y yo trabajábamos en un proyecto de investigación sobre trasplante miocutáneo del músculo dorsal ancho para el profesor Fissette. Aquel compañero, que llegaría a ser un brillante neurocirujano, había desarrollado una técnica que permitía visualizar los vasos sanguíneos y sus diferentes ramificaciones, pero necesitábamos un equipo radiográfico. El que más cerca teníamos era el de medicina forense, y así fue como entré en contacto por primera vez con el IML (Instituto de Medicina Legal). Las técnicas de autopsia me suscitaban curiosidad y le pregunté al profesor André si podía asistir a una. Era algo que solo se permitía en el marco de las prácticas en medicina forense, una de las opciones que teníamos los estudiantes. Así que las hice. Cuando acabaron, el profesor André y su sucesor, el profesor Brahy, me ofrecieron un puesto de ayudante, pero yo lo rechacé porque quería ser médico generalista.

Al terminar la carrera, me aguardaba el servicio militar. No tenía forma de evitarlo, así que lo afronté con alegría, diciéndome que podía ser una bonita experiencia. Como tampoco contaba con ningún tipo de prioridad legal que me hubiera permitido quedarme en Bélgica, estaba seguro de que iba a pasarme un año en los cuarteles belgas de Alemania. Y así fue. Me mandaron, después de un mes de formación militar en Gante, al Tercer Batallón de Artillería de Werl. La participación durante un año en todos los desplazamientos y maniobras me valió dos viajes a Creta y un montón de vuelos en helicóptero Alouette II. Pero lo más interesante fue poder atender tanto a los militares como a sus familias. De repente tenía mil quinientos pacientes potenciales, mientras que, en la vida civil, habrían hecho falta años para conseguir semejante clientela y la experiencia que conllevaba. Fui muy feliz en el ejército, resultó ser una etapa muy bonita de mi vida. Confieso que lo dejé con mucha pena.

Regresé a la vida civil de golpe y porrazo, de un día para otro. Abrí una consulta de medicina general y, al cabo de quince días, recibí una llamada que me cambiaría la vida. El profesor Brahy me invitaba a comer para que habláramos sobre mi futuro. Nos encontramos unos días más tarde, el 8 de octubre de 1991, en un restaurante cercano al IML, L'Entrecôte, elección que, al menos por el nombre, me pareció muy acertada. Georges me esperaba inmerso en la lectura del menú, como si no se lo supiera de memoria. Yo no quería dejar la medicina de familia, así que acordamos que entraría a trabajar como médico forense a tiempo parcial. El 9 de octubre, me convertí en asistente independiente.

Durante los dos años siguientes, ejercí de médico de familia a la vez que continuaba aprendiendo la ciencia forense y hacía un curso sobre valoración del daño corporal. Compaginar ambas disciplinas se iba volviendo cada vez más difícil. Tanto la medicina general como la forense exigen una disponibilidad total. Además, para seguir avanzando en mi formación como médico forense, tenía que hacer un máster en Criminología, requisito obligatorio por entonces, cuando todavía no existían estudios específicos en la materia. Así que me enfrentaba a una necesaria encrucijada, y me decidí por la medicina forense, que se convirtió en una auténtica pasión gracias a la que he podido desarrollarme plenamente. A pesar de que no fue mi primera opción, nunca me arrepentiré de haberla elegido.

LA ESCENA DEL CRIMEN

Es imposible ignorarlas: llevan poblando las pantallas de televisión y la vida de la gente desde los años 2000. Nuestros hijos han crecido con esas series que, hay que reconocerlo, son las responsables de un buen número de vocaciones criminalistas y forenses. Pero antes de entrar en materia, creo que es importante explicar primero cómo suceden las cosas «en la vida real» y, en segundo lugar, acabar con unos cuantos mitos muy extendidos.

Todo el mundo conoce las siglas CSI, Crime Scene Investigation, que dan nombre a una nueva disciplina con enormes avances en todo el mundo desde que la huella de ADN se convirtió en la reina de las pruebas en criminalística, hasta el punto de que en algunos países se han llegado a promulgar normas que regulan no solo la utilización del ADN, sino la escena del crimen en general.

La criminalística moderna se rige por tres principios que responden a un doble objetivo: identificar tanto al autor de una infracción como la manera en que ha procedido para cometerla. El primer principio es el de Locard. Edmond Locard (1877-1966) fue un médico y jurista que, en 1910, fundó en Lyon el primer laboratorio de policía científica del mundo. La Interpol tiene su sede en esta ciudad en honor a él. Yo resumo su pensamiento en una frase: «Todo contacto deja una huella». Este genial médico forense anticipó, en una época en la que aún no se conocía el ADN y se carecía de las técnicas modernas de investigación, que todo contacto de un individuo con otra persona u objeto de su entorno deja una huella.

Una simple fibra textil que se cae de la ropa del autor del crimen sobre el cuerpo de la víctima o un solo pelo pueden hacer progresar la investigación, pero no es como en esas series norteamericanas en las que todo se resuelve a base de simples huellas. En el mundo real son muy pocos los casos que se solucionan de esta manera; yo he conocido apenas tres en treinta años. Por regla general, los elementos que aporta el laboratorio son útiles para seguir avanzando en el expediente, pero lo que al final permite desenmascarar al culpable es la propia investigación.

La búsqueda de huellas en la escena del crimen ha dado lugar a la especialización de personal de laboratorio de la policía científica. Este personal forma parte de la policía técnica; son los llamados «técnicos de la escena del crimen» o, más llanamente, «la científica», y reciben una formación específica para identificar, tomar muestras y conservar los indicios encontrados en la escena del crimen. Estos indicios son los que denominamos «huellas».

Para poder extraer el máximo de elementos o indicios pertinentes posible, hacía falta organizar la manera de preservar el lugar de los hechos. Así nace el concepto de «escena del crimen», una traducción del inglés *crime scene* que puede inducir a equívoco, ya que la palabra inglesa *crime* alude al delito en términos generales, mientras que para nosotros el término «crimen» evoca inmediatamente un homicidio voluntario. Es decir, el principio de la escena del crimen puede aplicarse a cualquier lugar donde se haya cometido un delito o infracción. Así pues, no se trata tan solo de lugares donde hayan tenido lugar homicidios, sino también robos o incluso accidentes.

Cada escena del crimen es única, pero siempre responde a un esquema común. El lugar donde han ocurrido los hechos o, en nuestro caso, donde se encuentra el cadáver, se llama «zona de exclusión judicial». Existen diferentes fórmulas para definirla, pero la siguiente es una de las que más se utilizan: se trata de la habitación (o de una zona de varios metros cuadrados si estamos al aire libre) en la que se encuentra el cuerpo. Es donde penetran los técnicos con el famoso traje Tyvek, que permite no dejar fibras ni atraparlas. El Tyvek es de pH neutro y cubre el cuerpo entero, incluido el cabello, que perdemos de media a un ritmo de cien unidades diarias, cada una de ellas portadora del preciado ADN que nos identifica formalmente. Más que suficiente para contaminar una escena del crimen. Los técnicos también llevan guantes para no depositar sus huellas dactilares; una mascarilla para evitar la dispersión de saliva, portadora también de nuestro de ADN, y calzas que cubren los zapatos para que las suelas no introduzcan ningún elemento en el lugar ni se lo lleven de él. Deben ser lo más neutras posibles para no alterar nada. Nadie puede entrar en esta zona sin haber recibido la autorización de los técnicos de laboratorio de la científica.

Alrededor de esta primera zona hay una segunda, conocida como «zona de aislamiento», que acoge a todos los intervinientes, policías, funcionarios judiciales y peritos antes de entrar en la escena del crimen. Es una zona protegida en la que se informa al funcionario judicial de los primeros hallazgos para que decida cuáles serán los primeros pasos de la investigación, que arranca ahí. En torno a esta segunda zona, hay una tercera y última, denominada «zona de disuasión», en la que encontramos una variedad de personas: los allegados del difunto antes de que se hagan cargo de ellos los servicios de ayuda a las víctimas; los investigadores, los vecinos, la prensa o los curiosos.

Aunque los actores de las series sean auténticos modelos que van por ahí en coches deslumbrantes, la realidad es un tanto distinta...

Se comete un robo en un interior, la policía interviene y observa que hay numerosos destrozos, así como indicios de que han registrado el lugar. Como la dueña no ha tocado nada y, por tanto, no ha alterado la escena del crimen, llaman a la científica para la recogida de posibles huellas que haya dejado el autor. Ese día está de guardia mi amigo Jean-Robert. Un pedazo de hombre que mide metro ochenta y seis y pesa ciento cinco kilos, con barba y una sonrisa casi permanente en la cara. La policía ha abandonado el lugar tras decirle a la propietaria: «No se le ocurra tocar nada; la científica está por llegar». «¡La científica! Como en *CSI*», se consuela la propietaria, pensando que va a conocer a sus héroes en persona... Y entonces aparece Jean-Robert al volante... del Renault Kangoo de la científica. Se dispone a aparcar. La señora se le adelanta: «No, no, no puede aparcar aquí, tiene que venir la científica». Y Jean-Robert le responde: «Señora, ¡la científica soy yo!». Y ella, visiblemente decepcionada, le replica: «Pues vaya, se me ha caído un mito». No se preocupen, Jean-Robert pudo superarlo.

El segundo principio de la criminalística es de Adolphe Quételet (1796-1874), matemático y estadístico belga cuyo pensamiento resumo en la siguiente máxima: «Cada objeto es único». Quételet estaba convencido de ello en una época en la que no se disponía de los medios actuales para comprobar hasta qué punto tenía razón. Las técnicas de hoy permiten asociar con asombrosa seguridad un arma con el proyectil que disparó, un zapato con la huella de un paso, un pelo con su dueño, una marca de pintura de coche en un poste con el tipo de vehículo al que pertenece, una fibra textil con el jersey del que se desprendió, una huella dactilar con su autor, etc. Y, para cada uno de estos tipos de huella, hay una persona especializada, un perito.

No debe confundirse a un perito judicial con un técnico de la escena del crimen. Al contrario de lo que muestran las series, son dos oficios diferentes que, a veces, ejerce la misma persona, aunque no es lo más habitual. Hay peritos para todo: especialistas en fibras sintéticas, animales, vegetales, en bombillas para faros de coche, en pintura de coche, en rodaduras, en incendios, en informática, en balística, en huellas de pasos, huellas de polvo, de tierra, en toxicología, en huellas digitales, en medicina forense, etc. De hecho, pueden ser objeto de peritaje científico las materias más inimaginables. He llegado a encontrarme hasta a un perito en paraguas. Estos peritos pertenecen a la «policía científica», a pesar de que la gran mayoría no son agentes de policía.

La medicina forense, mi especialidad, forma parte de la criminalística y contribuye a la búsqueda del autor y de su manera de proceder respondiendo a dos preguntas: «¿De qué ha fallecido la víctima?» y «¿Cuándo se ha producido el deceso?».

En cuanto al tercer principio, no he encontrado a ninguna eminencia para enunciarlo, pero puede sintetizarse así: «Si se va, ya no regresa». Las huellas son algo frágil. El pelo o las fibras textiles se vuelan, las huellas digitales o de sangre se borran. Los técnicos y el concepto de escena del crimen existen para proteger cada uno de los indicios.

Entonces ¿en qué se confunden y nos confunden las series? En primer lugar, en la cuestión de la ropa. En una escena del crimen cinematográfica, nadie lleva jamás las protecciones necesarias para evitar contaminar el lugar. Tanto en Francia como en Bélgica, proceder así sería una negligencia. Pero seamos sinceros: los trajes que llevan los técnicos, esa especie de bolsas de basura, son poco atractivos y nada favorecedores para el cine.

Algún otro error evidente se va colando por aquí y por allá en las series, algunas más incongruentes que otras, sobre todo a ojos de los expertos, entre los que me cuento. Por ejemplo, he llegado a ver una prótesis de madera que sangraba, ¡la primera prótesis de madera con neovascularización del mundo! En otra serie me encontré con que la forma de la fractura de un cráneo respetaba exactamente la del objeto que habían utilizado para asestar el golpe, como si hubiera dejado una huella, lo cual es imposible. En algún otro sitio, trataban de «imitar» la evolución del proceso de putrefacción de un cadáver en un medio acuoso: en lugar de estar hinchado, a aquel cuerpo se le despegaba la piel del rostro. Por último, había una joven que se ahogaba dentro de una cuba de champán; encontraban una lentilla y extraían el ADN de ella. En realidad, se trata de una misión imposible a causa del efecto que tiene el alcohol en las células y en su ADN.

Y eso no es todo. Cuando se descubre un cadáver, el lugar de los hechos siempre está impoluto, en especial si se trata de un interior. Parece que lo hubieran limpiado antes del asesinato con el único objetivo de que cada huella que encuentren esté relacionada con el crimen. De hecho, las huellas que encuentran siempre están relacionadas con él. En la vida real tenemos que aventurarnos en escenas que a menudo están terriblemente sucias. ¡Se sorprenderían de la cantidad de gente que vive en la inmundicia! Más nos vale estar vacunados del tétanos.

Hace veinte años, los peritos de las series sabían de todo. Por suerte, no es tanto el caso hoy en día, y cada perito actúa en su área de especialización. Como tendré ocasión de repetir: «La práctica hace al maestro» y, aun así, sigue siendo posible cometer errores.

La mayoría de las veces, las técnicas que aparecen en las series son reales, como cuando se revela una huella dactilar gracias al vapor de cianoacrilato en una especie de cámara de cristal, para a continuación fotografiarla y pasarla a un archivo informático. Efectivamente, así es como procedemos con los objetos de tamaño medio. Sin embargo, es asombroso ver la inusitada cantidad de identificaciones que hacen en las series a través de las huellas dactilares. Es como para pensar que tienen fichada a la población entera del país, al contrario de lo que pasa en Francia o en Bélgica.

En las series, toda investigación se resuelve a base de huellas. Está tan arraigado en el imaginario colectivo que algún jurado estadounidense ha llegado a negarse a declarar culpable a alguien porque no se había encontrado su ADN en la escena del crimen. Sin ADN, no hay culpable. El problema es que la realidad no coincide necesariamente con la ficción y no siempre se encuentran huellas en la escena del crimen. Si lo lleváramos a sus últimas consecuencias, con esa forma de pensar tendríamos que acabar concluyendo que, sin huellas, no hay crimen.

Por último, las series presentan a profesionales en plena lucha con sus sentimientos (lo que seguramente hace que los personajes sean más entrañables). Pero un perito judicial debe ser neutral como garantía para todas las partes. La neutralidad exige autodominio. No se trata de que no haya que sentir nada, sino de que las emociones deben estar bajo control. No siempre es fácil hacerlo, ¡sobre todo en las autopsias de niños!

En definitiva, hay que ver estas series como lo que son, es decir, puro entretenimiento; nunca han pretendido ser otra cosa. Aclarado todo esto, les invito a acompañarme a la escena del crimen. Eso sí, provistos del traje adecuado, ustedes ya me entienden...

LOS MUERTOS TIENEN LA PALABRA

MUERTOS VIVIENTES

—¿Doctor? Me gustaría que fuera a ver a un muerto; no hay nada sospechoso, pero prefiero que vaya para asegurarnos.

Entonces estábamos aún en la época en la que —al menos en el área de Lieja— se enviaba al forense a evaluar todos los casos de muerte violenta, es decir, casi todos los asesinatos y suicidios, pero también las situaciones en las que una persona había fallecido sola en su domicilio. El sistema es eficaz, ya que permite identificar asesinatos que de otra manera habrían pasado desapercibidos. Hoy en día, al forense solo se lo llama en caso de muerte sospechosa, es decir, únicamente si hay razones para pensar que haya podido intervenir un tercero. Con este sistema, perdemos la posibilidad de descubrir los asesinatos encubiertos, con lo que algunos pasan desapercibidos para siempre.

Lo bueno de que te llame el fiscal es que puedes aparcar incluso en zona prohibida sin entorpecer el tráfico. Los policías por lo general se alegran cuando aparece el forense para poner fin a una larga espera que no les apetece seguir prolongando inútilmente. La verdad es que a veces tardamos bastante en llegar; suele haber mucho tráfico y nuestra intervención no es tan urgente como pueda serlo la de una ambulancia. Hace unos cuantos años, los médicos forenses solicitaron beneficiarse del uso de sirenas y luces rotativas, pero el Ministerio de Transporte belga

29

se opuso alegando que examinar un cadáver en ningún caso podía ser una emergencia. Nadie duda de que sea cierto, pero así se alargan todavía más nuestros tiempos de respuesta.

Cuando llego a la calle donde se encuentra el difunto, nunca busco el número de la casa, sino el coche de policía. Normalmente está aparcado justo enfrente. Ese día estacioné delante de un edificio de diez plantas. Al llegar, me encuentro con un policía estresado y muy enfadado que me dice: «Sube rápido, está vivo». Se me pasa por la cabeza ese pensamiento cargado de inteligencia y sentido común que puede resumirse en una palabra:

«¿Qué?».

—Está vivo; sube rápido, que la ambulancia está al llegar.

Para tardar menos, me decido por las escaleras y cuando voy por la primera planta me doy cuenta de que no sé adónde tengo que ir. No importa, seguro que lo descubriré en cuanto vea una puerta abierta. Así es: se trata de la segunda planta, un estudio donde dos policías acompañan a un hombre tendido en el suelo. Saludo a todo el mundo y le pregunto al hombre del suelo, al que llamaremos Bernard, qué hace ahí tirado. Me explica que se ha caído y no ha podido levantarse. Bernard y yo seguimos hablando; trato de entender por qué se ha caído. Le pregunto si le duele algo, cuánto hace que está ahí y si le sucede a menudo eso de caerse de esa manera, y Bernard me explica que no le duele nada y que es la primera vez que se cae desde que le pusieron una prótesis total de cadera, pero que no sabe cuánto hace que está en el suelo. Deduzco que se le ha dislocado la prótesis, que ha perdido el equilibrio y se ha desplomado.

Paso por encima del correo desparramado en la entrada, que indica que hace dos días que no se recoge, mientras que, al recorrer la estancia con la mirada, no puedo evitar ver otra serie de «cadáveres» que cubren el suelo por todas partes y atestiguan que Bernard es un ferviente aficionado al consumo de una famosa marca de cerveza barata.

Mientras hago estas constataciones llegan los servicios de emergencia, que se llevan una sorpresa al verme allí. Lo cierto es que normalmente llegan ellos antes que yo. Les cuento lo que he averiguado y especifico que Bernard debe de llevar ahí un máximo de dos días, un dato importante porque lo más probable es que sufra una hipotermia, es decir, seguro que ha perdido temperatura tendido sobre ese suelo frío de baldosas, y hay muchas probabilidades de que haya desarrollado el síndrome de aplastamiento. Este síndrome es una patología que se produce cuando los tejidos, especialmente los cutáneos, llevan demasiado tiempo sin recibir oxígeno porque la sangre ha dejado de circular. Es lo que ocurre cuando, como Bernard, te quedas tirado en el suelo en la misma posición durante varias horas.

Los servicios de emergencia se lo llevan y mi misión termina antes de haber empezado siquiera. Para que conste, el hombre vivirá todavía muchos años. Una vez que Bernard está a bordo de la ambulancia, les pido explicaciones a los policías. Les avisaron porque «una persona no respondía a las llamadas», terminología clásica para decir que la ausencia de respuesta de una persona resulta preocupante, sobre todo si vive sola, como es el caso de Bernard. Durante su intervención, los policías forzaron la puerta y descubrieron a Bernard inconsciente. No reaccionaba cuando lo llamaban y luego advirtieron la presencia de larvas alrededor del cuerpo, lo que interpretaron como señal de que ya había comenzado la descomposición, una observación totalmente lógica. Entonces alertaron al fiscal adjunto, que solicitó mi presencia en el lugar.

Mientras me esperaban, trataron de identificar formalmente a Bernard, algo indispensable. Para ello buscaron sus documentos de identidad, pero por desgracia no se encontraban a la vista en la estancia y, como Bernard llevaba un traje de chaqueta, naturalmente pensaron que la cartera debía de estar en el bolsillo interior, pues ahí la suelen guardar quienes llevan esta prenda. Con Bernard bocabajo, uno de los policías, el más atrevido, pasó la mano entre el suelo y el cuerpo, deslizándola hasta el bolsillo interior de la chaqueta. Encontró la cartera, la cogió, y ya se disponía a retirar la mano cuando el «muerto» lo agarró por el brazo. ¡Imaginen la sorpresa y el terror del policía! Como para darle un infarto de haber tenido el corazón sensible. Aun así, el razonamiento que habían hecho tenía sentido. Efectivamente, había larvas de mosca, solo que, puesto que Bernard no estaba muerto, no podía estar descomponiéndose. ¿Cómo explicar su presencia entonces? En realidad, hay sobre todo otras dos situaciones en las que se pueden presentar larvas.

Pero empecemos por el principio. El olor que desprende un cadáver atrae a los insectos, en especial a las moscas. En cada fase de la descomposición se da un olor diferente y acuden al cuerpo diferentes insectos, que se llaman «necrófagos» o «necrófilos», según vengan a alimentarse del cadáver o de los propios insectos necrófagos. En conjunto forman la entomofauna, o fauna de insectos cadavérica, y la disciplina que la estudia se denomina entomología médico-legal o entomología forense.

Aparecen sobre el cadáver durante las primeras horas después de la muerte, lo que quiere decir que el cuerpo enseguida comienza a emitir los olores que atraen a los insectos, aunque no lo notemos. Las primeras en llegar son viejas conocidas de todos, las moscas: verdes, azules o negras. Tienen nombres científicos variados, como *Musca domestica* para la mosca negra; *Lucilia sericata* para la mosca verde; *Calliphora vomitoria* para la bien llamada mosca azul; o *Calliphora vicina* para la mosca azul de la carne. Pueden venir de muy lejos, recorriendo decenas de kilómetros atraídas por el olor que se cuela a través de una ventana apenas entreabierta. Más allá del asco que puedan inspirarnos, las moscas permiten establecer el momento de la muerte a veces con precisión de orfebre, como veremos en otro capítulo.

Las primeras moscas llegan atraídas por la degradación amoniacal que afecta a los tejidos. Bernard se había orinado encima y las moscas, atraídas por el olor, acudieron a poner huevos. Por eso pensó la policía que Bernard había fallecido y se encontraba ya en fase de descomposición.

Las moscas tienen más de una utilidad: mientras que algunas son comestibles y muy ricas en proteínas, otras son excelentes limpiadoras de heridas. Sus larvas atacan exclusivamente tejido muerto, necrótico, y lo consumen. De este modo, limpian la herida incluso cuando está infectada.

Yo mismo pude comprobarlo un buen día de verano. Me llamaron para el muy particular caso de un señor que vivía junto a su esposa, de ochenta y dos años, hallada muerta en su cama. Todas las noches, el marido se mete en la cama con ella y duermen juntos. Al encontrarla, la policía la da por muerta, igual que el médico al que llaman para certificar la defunción. El funcionario judicial, por su parte, solicita mi intervención debido a las circunstancias tan particulares del caso. Durante mi examen, comprendo rápidamente que la señora no está muerta, pues no presenta ninguno de los síntomas habituales de la muerte. Así que llamo a emergencias y llegan enseguida. Evaluamos la situación conjuntamente y advertimos que, si la movemos, corre el riesgo de morir. Su nivel de conciencia es muy bajo, está totalmente deshidratada, y siente dolor, pues hace muecas en cuanto la tocan.

Las moscas han puesto huevos, que ya se han convertido en larvas en las zonas húmedas, es decir, en los lugares donde la piel entra en contacto con las sábanas y se cubre de sudor, pero también en las zonas manchadas de orina, pues la mujer, desprovista de cuidados y sin capacidad para levantarse de la cama, se ha orinado encima. Eso es precisamente lo que convence tanto a la policía como al médico de que ha fallecido. Difícil determinar desde cuándo está la orina presente en las sábanas, pero debe de hacer por lo menos una semana, a juzgar por el tamaño de las larvas.

Al limpiar las escaras que se han formado como consecuencia de la maceración de la piel de la espalda, causada por la presencia de líquido en combinación con la atrición del tejido cutáneo (falta de oxígeno en las células de la piel, que conduce a la necrosis y que se produce porque esta mujer ha dejado de moverse), observamos que la necrosis del tejido cutáneo ha hecho estragos, y las larvas están encantadas. La levanto para ver en qué estado se encuentra la espalda y lo que más me sorprende es constatar que la necrosis está tan avanzada que, en algunas partes, la piel ha desaparecido por completo y deja ver la caja torácica.

Al levantarla con delicadeza, se le escapan unos comprensibles gemidos de dolor que prueban que aún conserva cierto nivel de conciencia. El personal médico la seda y la lleva al hospital, donde acabará falleciendo poco después, sin haber recobrado la conciencia.

En cuanto al marido, lo trasladan a una unidad de convalecencia donde se irá recuperando, pero sin llegar a acordarse del periodo en el que falleció su mujer, ya que él mismo sufría una deshidratación que lo había llevado al borde de la demencia.

—¿Doctor? ¿Podría acercarse a examinar el cuerpo de una fallecida? Ya se dará cuenta, es un asunto singular.

El fiscal adjunto tiene prisa, está claramente agobiado, pues no se toma el tiempo de explicarme qué es lo singular del asunto. En el lugar de los hechos me sorprende descubrir que la funeraria ya ha instalado las colgaduras fúnebres que suelen adornar las fachadas de las casas de los difuntos. Estoy cavilando sobre lo rápidos que son en esta zona cuando un policía se me acerca para explicarme lo sucedido. Es una historia impensable, tanto que no la creería si no la hubiera vivido.

Lucette ha fallecido de muerte natural a la edad de ochenta y cinco años, «una buena muerte», me dicen; algo que siempre me hace gracia porque, en mi opinión, buena muerte no hay. El médico ha certificado la defunción y rellenado los documentos. La familia ha llamado a la funeraria, que prepara el cuerpo, lo lava, lo viste y lo coloca en el ataúd, a su vez situado sobre un soporte especial en casa de Lucette. Las visitas comienzan ese mismo día y Jeannine, su vecina y amiga de toda la vida desde la escuela primaria, viene a presentar sus últimos respetos a la difunta. Justo cuando Jeannine se encuentra delante del ataúd, de repente Lucette se incorpora y dice: «Oh, Jeannine, ¡qué bien que te hayas pasado a verme!». Jeannine se desploma, fulminada por un ataque al corazón.

Lucette ha sufrido un largo episodio de catalepsia, que tanto su médico como el personal de la funeraria han confundido con una muerte real.

Este tipo de historias nos recuerda el miedo que tienen algunas personas a que las entierren vivas, que alcanzó su apogeo en Inglaterra durante la época victoriana (1837-1901).

Para paliar este temor y por interés mercantil, algunos fabricantes, dando prueba de imaginación, inventaron ataúdes que podían abrirse desde dentro o que estaban provistos de una campanilla externa que podía tocarse desde el interior tirando de un cordel. Debían de ser graciosos esos cementerios cuando el viento hacía sonar por todas partes las campanillas.

Sobre este tema circulan muchas historias. ¿Quién no ha oído hablar de algún muerto al que, cuando lo exhumaron, resultó que le había crecido el pelo y la barba, se había retorcido en el ataúd, había arañado su interior con las uñas, etc.? No todo es falso. Efectivamente, cuando uno fallece, no todas las células mueren al mismo tiempo: las de la piel que producen el pelo y la barba permanecen activas, y estos pueden crecer todavía unos milímetros más. Si bien ese crecimiento es imperceptible en el caso del cabello (excepto para alguien que se rapara la cabeza), sí que es perfectamente visible en el caso de la barba para un hombre que se afeitara.

Lo de que el muerto se revuelva en su ataúd es extraordinario, sin duda una deformación exagerada del hecho de que durante el enterramiento, sobre todo al tener que transportar el cuerpo, no es raro que este se mueva y cambie de posición. A modo de ejemplo, yo, cuando era joven, ayudaba en misa en la parroquia de Cointe. Podía llegar a ocurrir que, cuando el entierro se hacía en la cripta, los de la funeraria tuvieran que ladear el féretro para que pasara por puertas demasiado estrechas. En cuanto a la tapa del ataúd arañada, es algo que nunca he visto y no me extrañaría que se tratara de una mera leyenda urbana.

Pero en fin, quédense tranquilos: una persona enterrada viva no sobrevivirá más de quince minutos. Nuestro organismo necesita oxígeno atmosférico (O_2) para subsistir. En recintos sellados como un ataúd sepultado por lo menos metro y medio bajo tierra, el aire no circula y no puede renovarse. La muerte se produce pronto por carbonarcosis, es decir, el nivel de CO_2 (dióxido de carbono) que genera el propio organismo mediante el consumo de O_2 comienza a adormecernos hasta que sobreviene la muerte por paro cardiaco. En pocas palabras, en lo que se tarda en salir del cementerio y saludar a quienes han venido a dar el último adiós, se agota el tiempo de supervivencia.

Nos trasladamos a Irlanda, a un pequeño cementerio local, el 12 de octubre de 2019. Hace frío, pero mucho sol. El ataúd de Shay se encuentra en el fondo de la fosa cuando se oye su voz: *Let me out!*[*]. Tras un momento de estupefacción, todo el mundo estalla en risas: Shay, que siempre ha sido un juerguista, acaba de gastarles su última broma.

La escena está grabada y la pueden encontrar fácilmente en internet tecleando el nombre de Shay Bradley. «Hay que sonreírle a la muerte antes de que ella nos sonría a nosotros». Shay le sonrió incluso después, ¡qué bonito teatro!

---

[*] «¡Dejadme salir!».

CASI ASESINA

Philippe es el orgulloso padre de una chica muy guapa de nombre Marie, no tiene más hijos y lleva muchos años separado. Desde entonces, vive solo en su apartamento, excepto una semana de cada dos, cuando le toca la custodia de Marie. Ahora que es mayor de edad, ella no tiene por qué obedecer ese arreglo que impuso el juez de familia en la época en la que aún se llamaba juez de juventud, pero sigue haciéndolo por costumbre.

Marie tiene veinte años y les gusta a muchos chicos, pero se sabe todos los trucos para alejarlos y desalentarlos. Solo hubo uno que consiguió acercársele, y empezaron a salir, pero no duraron mucho, a pesar de que Max era muy amable, educado, atento, en absoluto agobiante. Su padre se había puesto muy contento cuando se lo presentó. Incluso había abierto una botella de las caras para celebrarlo.

Lo cierto es que Philippe estaba asustado: él detesta a los homosexuales, «esos degenerados que cometen actos contra natura». «La prueba de que es antinatural es que no hay homosexuales entre los animales... A esos enfermos pervertidos hay que ponerlos en tratamiento», en fin, la típica letanía del homófobo básico que no pretendo reproducir aquí. Pero Marie sabe que le gustan las chicas. Lo intuye desde hace tiempo y siempre lo ha reprimido. Sin embargo, ahora no le queda otra que rendirse a la evidencia: es homosexual y su primera relación se lo confirma con toda claridad.

Marie le presenta a Amélie a su padre como una simple amiga. A modo de recibimiento, Philippe se embarca enseguida en su diatriba habitual: «Ah, se nota que tú no eres tortillera. Menos mal, porque mi hija nunca trae chicos a casa, así que me preocupo cada vez que trae a una chica», y luego continúa con los tópicos habituales.

El tiempo pasa, la relación entre Marie y Amélie evoluciona; están enamoradas y se nota, tanto que Philippe termina por darse cuenta y entre su hija y él estalla una violenta discusión. Philippe golpea a las dos jóvenes. Es demasiado para Marie, que piensa que su padre le está arruinando la vida, y decide acabar con él. Sin decírselo a Amélie, Marie regresa una noche a casa de su padre. Todas las luces están apagadas, no cabe duda de que está durmiendo. Sigilosamente, sin hacer ruido, entra, apaga la alarma y se va directa al salón, donde, en un cajón, su padre guarda una pistola.

Philippe le ha enseñado dónde está el arma en varias ocasiones. La tiene para defenderse en caso de que los «moros» vengan a atacarlo a él o a su hija o traten de entrar en la casa. A la espera del día en que eso suceda, Philippe limpia con regularidad su pistola de 9 milímetros cada vez que vuelve del campo de tiro. Por lo visto no tiene mala puntería... y Marie tampoco. Marie lo ha acompañado muchas veces, ha disparado, conoce las reglas del manejo de armas de fuego, algo de lo que su padre, que no para de acribillarla con frases como «en esta vida hay que saber defenderse, todo el mundo debería tener un arma», se siente orgulloso.

Ahí está la pistola, esperando a sus víctimas. Marie lo sabe. La coge, la carga y la deja lista para disparar (tirando hacia atrás del cañón); entra silenciosamente en el dormitorio, en la penumbra adivina un bulto en la cama, su padre, y vacía el cargador contra él. Trece tiros. Marie deja el arma vacía sobre la cama y huye.

Al día siguiente, recibo una llamada del fiscal adjunto.

—¿Doctor? ¿Podría acercarse a...? Han asesinado a un hombre con arma de fuego, lo ha descubierto esta mañana la señora de la limpieza.

Para cuando llego, los de la científica ya han terminado su trabajo y esperamos al juez de instrucción. Mientras tanto, entro en el cuarto para realizar mis primeras comprobaciones.

Desde hace treinta años procedo siempre de la misma forma: dejo la bolsa con mis instrumentos de trabajo a la entrada, al lado de las de la científica, o sea, en un entorno seguro; a continuación me meto las manos en los bolsillos para evitar dejar huellas dactilares, y doy una vuelta por el lugar. Busco cualquier elemento que pudiera darme información acerca del estado de salud del difunto, alguna nota que pudiera haber dejado, diferentes rastros, como los de sangre, etc. Examino la estancia en la que se encuentra el fallecido, en busca de la mínima cosa que pudiera ser de interés; luego mido la temperatura de la habitación y verifico si la calefacción está encendida, si hay alguna ventana abierta, en fin, compruebo las condiciones térmicas en las que se encuentra el cuerpo, ya que son fundamentales a la hora de tratar de establecer el momento de la muerte.

Solo entonces me acerco al cadáver, y lo evalúo tal cual se presenta, sin tocar nada. Tomo nota de todo: su posición, si está cubierto, hasta qué altura, con qué tipo de cobertor: sábana o edredón, de qué calidad, cuántas capas, ¿hay huellas de derramamiento en las sábanas? El cuerpo de Philippe se encuentra en decúbito lateral izquierdo, hecho un ovillo. Ese es el término que utilizamos para decir que está tendido sobre el lado izquierdo, en posición fetal, que es la posición más común para dormir. Tiene el rostro girado en dirección a la puerta de la habitación. Está cubierto hasta el cuello por una sábana y una sola colcha más bien fina. Retiro la colcha y la sábana, dejando el cuerpo al descubierto. Lleva un pijama de tejido sintético.

—¿Qué opinas, doctor?

Es la jueza de instrucción, una de las primeras nombradas en Lieja, que acaba de entrar en el dormitorio sin que me diera cuenta.

—Que está muerto.

Hago una pausa. Me encanta hacer eso y ver si me responden algo inesperado, alguna cosa un poco descabellada, pero esta jueza me conoce desde hace tiempo y sabe a qué estoy jugando, así que sonríe mientras espera a que continúe. Luego añado:

—Eso es todo lo que te puedo decir, aún no lo he examinado, pero observo impactos de proyectil que me hacen pensar que se ha utilizado un arma de fuego.

Entonces procedo a tomar la temperatura del cuerpo para poder evaluar el momento de la muerte, mientras la jueza solicita que se avise al experto en balística, Édouard Tombeur.

Después del inspector jefe de policía ya retirado Jean Jamar, a quien sucedió, Édouard Tombeur es el segundo experto en balística que conozco. Édouard es un jubilado de la Fábrica Nacional (FN), en la que su empleo como comercial lo llevó a viajar por el mundo vendiendo armas. La FN, la mayor fábrica de armas de Bélgica, con sede en Herstal, cerca de Lieja, se orienta principalmente al mercado latinoamericano, tierra propicia para la compra de armas. Así fue como Tombeur acabó en Nicaragua durante la dictadura de Somoza, el 19 de julio de 1979, de donde tuvo que huir en pleno levantamiento de la guerrilla. Fue también en uno de estos países de América Latina donde recibió una ráfaga de metralla en las piernas. Aunque sanó, todavía le siguen doliendo cuando cambia el tiempo, una secuela banal para un accidente que por poco no cuenta. Édouard ha tenido una vida muy rica y siempre es un gusto escuchar sus historias en esas memorables comidas que a veces siguen a la faena.

Calculo que la muerte ha debido de tener lugar hacia las once de la noche, una primera aproximación que suscita un problema, puesto que, según el programa de la alarma, esta no se desactivó hasta las dos y media de la madrugada. Para seguir avanzando en mi examen necesito pesar el cuerpo, lo que haremos ya en la sala de autopsias. Efectivamente, habrá que hacer autopsia, ya que no cabe duda de que ha habido intervención de un tercero, alguien en condiciones de apagar la alarma.

Además, a la señora de la limpieza le extrañó mucho encontrar la alarma desconectada cuando llegó, pues Philippe era sistemático con ese tema y nunca se olvidaba de activarla. Y, según ella, solo hay una persona que conocía el código aparte de Philippe y ella misma: Marie. Pero Marie se encuentra en paradero desconocido...

Hacia las once de la mañana, en la sala de autopsias, con el cuerpo ya pesado, comienzo mi labor. Una autopsia se desarrolla siempre de forma completa y sistemática según el mismo esquema de trabajo. Ha de realizarse sobre el cuerpo entero incluso aunque, por ejemplo, la única lesión visible sea la marca del paso transcraneal de un proyectil.

Hay quienes, en nombre de un supuesto respeto al cuerpo, preferirían que, si la causa de la muerte es evidentemente el paso transcraneal de un proyectil, la autopsia se limitara al examen de un solo segmento craneal. Sin embargo, el derecho penal exige para aplicar esta restricción un grado muy alto de certeza.

Por mi trabajo, conozco personalmente a cuatro supervivientes de un tiro en la cabeza, entre ellos el general de un ejército centroeuropeo al que un proyectil le atravesó el cráneo desde el frontal hasta el occipucio, justo entre los dos hemisferios del cerebro, llevándose consigo la calota craneal occipital. En lugar del hueso craneal, le colocaron una membrana de goma y a día de hoy sufre ataques de epilepsia y tiene que llevar un casco de manera casi permanente para evitar traumatismos craneales que, en ausencia de materia ósea resistente, le podrían resultar fatales. Que esté vivo es la prueba de que uno no muere necesariamente incluso aunque el proyectil sea una bala de guerra. Significa que hay excepciones. A mí es a quien le toca demostrar en la autopsia si estamos ante una excepción o no.

De hecho, la autopsia no solo sirve para verificar cuál ha sido la causa de la muerte, sino también para descartar cualquier otra. Por tanto, hay que demostrar aquí si el paso transcraneal del proyectil es la única causa posible de muerte. ¿Por qué no escribo «hay que demostrar que» en lugar de «hay que demostrar si»? Habría sido más claro y correcto. Escribo «si» porque el médico forense, en cuanto experto legal, debe ser neutral, y esa neutralidad debe expresarse también en el procedimiento mismo de la autopsia. No debe partir de ideas preconcebidas, sino estar en disposición de aceptar toda señal y todo indicio con la mente abierta a cualquier interpretación posible, con tal de que sea racional.

El procedimiento de la autopsia ha de ser obligatoriamente inductivo, es decir, deben reunirse primero todas las señales e indicios hallados sobre el cuerpo y en su interior antes de plantear un diagnóstico de defunción. Este método se opone al deductivo, que consiste en partir de hipótesis para comprobar después si son aplicables: la mejor forma de pasar por alto la auténtica causa de la muerte. Para evitar este sesgo del pensamiento deductivo, la autopsia la practicamos siempre dos personas, de manera que se hace posible el intercambio de ideas. Cuando practico la autopsia con alguno de mis ayudantes, dejo de ser el profesor que guía al alumno; somos dos forenses que hacen su trabajo con la misma calidad y opinan en igualdad de condiciones.

Además, el respeto a los muertos no consiste en no abrirlos, una idea que data de la Edad Media, cuando la Iglesia no quería ni oír hablar de autopsia, pues, una vez descubierta la anatomía, surgiría necesariamente la cuestión de averiguar «cómo funciona»; se habría abierto así la puerta a la fisiología y se habría acabado especulando acerca del alma que supuestamente dirige al cuerpo, acerca de dónde se encuentra y de su existencia misma. Y, de hecho, es lo que ocurrió, ¡pero esa es otra historia! El respeto a los muertos es, antes que nada, esforzarse al máximo por hacerles justicia, y la autopsia es un elemento clave para ello.

Marie aprendió bien de su padre: todas las balas alcanzaron el cuerpo, algunas hasta lo atravesaron. Habría estado orgulloso de su habilidad para disparar así en una situación de estrés y en la oscuridad. Incluso a corta distancia, era toda una proeza.

Al examinar las primeras perforaciones, las de la espalda, me doy cuenta de que hay un problema. Todas tienen aspecto *post mortem*, es decir, parecen ser posteriores a la muerte. Distinguimos las lesiones según sean vitales (producidas en vida de la víctima), *post mortem* (producidas cuando la víctima ya estaba muerta) o incluso agónicas (producidas en el momento en que la víctima estaba muriéndose). Se determinan gracias a su aspecto.

Tras la muerte, deja de haber sangre en las arterias y en los capilares; solo se encuentra en las venas. Es un hecho conocido desde Galeno (129-201), padre de la medicina después de Hipócrates (460-377 a. C.), que fue más bien un precursor. A través de la observación de cadáveres, Galeno comprobó que no hay sangre en las arterias, pero sí en las venas; aún no se conocían los capilares. Durante siglos, como consecuencia de esta observación, se pensó que la sangre circulaba por las venas mientras que por las arterias circulaba aire, y que el intercambio entre arterias y venas tenía lugar en el corazón a través de los poros de la pared cardiaca que separa los lados izquierdo y derecho de este órgano. Hoy sabemos que Galeno había descubierto tan solo la circulación *post mortem* de la sangre.

Cuando sufrimos una lesión cutánea, aunque sea superficial, sangramos a causa de los capilares que han sufrido daños. En cambio, si cortamos la piel de un muerto, no sale sangre porque los capilares están vacíos. Esto es lo que marca la diferencia, ¡pero qué diferencia!

Estoy desconcertado: todas las lesiones dorsales tienen un aspecto *post mortem*, no es lo normal. Me apresuro a darle la vuelta al cuerpo para revisar el aspecto de las demás perforaciones. Al abrir la caja torácica, compruebo que un proyectil ha atravesado el corazón de lado a lado, pero ha derramado poca sangre. Cuando examino las perforaciones de la parte frontal del cuerpo, comprendo rápidamente que también se han producido de manera *post mortem*. Así que me decido a encontrar otra potencial causa de la muerte. Al abrir la caja craneal, la descubro.

Primero retiro el hueso con ayuda de una sierra para escayola y a continuación secciono la duramadre, la meninge más externa y resistente, que forma una envoltura alrededor del cerebro. En el espacio entre la duramadre y el cerebro descubro una hemorragia subdural (es decir, bajo la duramadre) de gran tamaño, cuyo origen es la rotura de un aneurisma en el polígono de Willis, auténtica intersección en la que confluyen todos los vasos que irrigan el cerebro y distribuyen la sangre a sus distintas partes. Esta zona es conocida por ser origen de aneurismas particularmente temibles, ya que suelen causar la muerte de la víctima cuando se rompen. La hemorragia provoca una hiperpresión en el cerebro y, como la caja craneal no es extensible, este ingresa en el agujero occipital, orificio situado en la base del cráneo y por el que el cerebro se conecta con la médula espinal. Cuando la hiperpresión generada por la hemorragia empuja el cerebro, este se comprime alrededor del perímetro del orificio y algunas zonas quedan aplastadas, impidiendo el flujo sanguíneo y provocando la muerte de las neuronas que las componen.

El problema es que en este lugar se sitúan dos «centros» o agrupaciones de células especialmente importantes para nuestra supervivencia: un centro que determina la actividad cardiaca y otro que determina la actividad respiratoria. Cuando estas células son aplastadas, dejan de recibir sangre y, por tanto, oxígeno, con lo que mueren, haciendo que se detengan tanto el corazón como la respiración, lo que conduce a la muerte de la persona. El proceso se denomina hernia cerebral.

Esto es claramente lo que le ha sucedido a Philippe, que a todas luces sufrió un sangrado en el cerebro como consecuencia de la rotura de un aneurisma mientras dormía, si tenemos en cuenta la postura en que fue encontrado. No se dio cuenta de lo que pasaba y falleció durante el sueño sin la más mínima posibilidad de enterarse de lo que estaba ocurriendo.

Como digo a menudo con una pizca de humor: «Él no sabe que está muerto». Es una frase que carece de sentido racional, pero que sí es significativa para los familiares del difunto, a quienes normalmente va dirigida. Desde un punto de vista racional, el comentario no tiene ningún sentido puesto que un muerto, con el cerebro invalidado, lo mismo que la conciencia que resulta de su actividad, ya no sabe ni se entera de nada. Sin embargo, para quien lo oye significa que el difunto no ha sido consciente de su muerte y no ha sufrido.

Había, pues, una explicación para el desfase horario que existía entre el momento de la muerte, que estimé que se había producido hacia las once de la noche, y el de la desactivación de la alarma, que ocurrió hacia las dos y media. Cuando Marie disparó a su padre, este llevaba muerto más de tres horas.

Solo queda una cosa por comentar: si Philippe ya había fallecido cuando Marie le disparó, no lo mató ella, porque ya estaba muerto. Por lo tanto, no se la puede condenar, ni siquiera procesar, por asesinato, a pesar de que sin duda lo habría matado, de haber estado vivo, con esa bala que le atravesó el corazón de lado a lado. Por lo tanto, no es una asesina, incluso aunque tuviera la intención de matar y utilizase un medio completamente adecuado para llevarla a la práctica.

Marie ha tenido mucha suerte, esperemos que sepa aprovecharla.

HOLA, ¿PAPÁ?

El trabajo normal de un forense es, desde luego, identificar la causa de la muerte, comprobar si se ha debido a la intervención de un tercero y establecer el momento de la defunción, pero también identificar a la persona fallecida. Para este propósito, contamos con la ayuda de la policía y de toda clase de elementos como el carnet de identidad, el domicilio del difunto, etc. Si bien la mayoría de las veces la identificación no supone un problema, hay algunos casos en los que sí, y no precisamente menor.

Así, durante más de tres años tuve en la nevera el cuerpo de un ahogado que jamás pudimos identificar, a pesar de que yo había reunido todos los detalles necesarios y también todas las muestras útiles para realizar la identificación. Por desesperación, la Fiscalía acabó dando el visto bueno para que fuera enterrado como X, o sea, como persona desconocida.

Jacques se encuentra en su casa, donde vive solo con su hija Maureen desde que falleció Françoise, su esposa, tras una «larga y penosa enfermedad» (ese rodeo ampliamente utilizado para evitar la palabra «cáncer») que la consumía desde hacía más de diez años. Verla partir fue un auténtico alivio, sobre todo a causa de los dolores de la etapa final.

Maureen llegó a sus vidas tarde, por un accidente del destino. Varias veces habían intentado tener un hijo sin éxito. Desgraciadamente, una y otra vez Françoise sufría abortos naturales a los que los médicos no eran capaces de poner solución. Habían afrontado el duelo. Cuando Françoise estaba a punto de llegar a la menopausia, nació Maureen, un regalo del cielo un poco tardío, pero que recibieron con alegría.

Françoise murió a comienzos del verano, al empezar las vacaciones escolares. Después del entierro, Maureen necesita cambiar de aires y marcharse un tiempo sin saber muy bien adónde, «sin rumbo fijo», como le dice a su padre mientras se echa la mochila a la espalda. Maureen es una chica audaz, sin miedo a nada, especialmente a que le hagan daño. Aficionada al autoestop, ya se ha recorrido Francia e Italia enteras, sola o acompañada por Sandra, su amiga de toda la vida. Pero esta vez Sandra no está disponible. No importa, Maureen se va sola, lo necesita.

Maureen es una joven de diecisiete años con la cabeza bien amueblada y el cuerpo sano; más bien bajita, no supera el metro cincuenta y ocho de altura; con un peso de sílfide que se cuida mucho de mantener; el pelo largo y rizado, castaño claro, que lleva siempre suelto, y una linda carita de niña con expresivos ojos azules. Va al instituto y sueña con ser médica.

Maureen lleva fuera tres semanas sin dar noticias a su padre, que empieza a estar preocupado porque nunca pasa tanto tiempo sin comunicarse. No es una gran aficionada a las redes sociales, al contrario que muchos jóvenes que publican todo lo que hacen en vacaciones, hasta lo que comen; prefiere ser discreta, sobre todo desde que una amiga suya fue acosada en las redes y acabó tratando de suicidarse con catorce años. Maureen, como todas sus amigas, quedó conmocionada. Aquello la convenció de dejar de usarlas. Tiene un móvil que no utiliza mucho, casi solamente para llamadas. La verdad es que Jacques se pregunta para qué le paga la línea de teléfono si luego no responde nunca cuando la llama. Esta observación tan común entre los padres de hijos adolescentes sorprende bastante teniendo en cuenta que sus retoños no levantan los ojos de ese mismo teléfono en todo el día. Deben de sufrir de ceguera selectiva, pues la respuesta es sistemáticamente la misma: «No lo vi».

Maureen llamó unos días después de irse y entonces estaba cerca de Lyon, aún no sabía cuándo volvería y se había encontrado con unos chicos con los que iba a estar los días siguientes.

Cada día que pasa Jacques se preocupa más. Ha intentado llamarla, pero el teléfono ni siquiera da tono y salta enseguida el contestador, que llena de mensajes varias veces al día. Así que acaba acudiendo a la policía para denunciar la desaparición. Lo recibe el agente de guardia.

—¿Se trata de una fuga, señor?

—¿Una fuga? No, no, se ha ido a recorrer Francia, pero no tengo noticias de ella desde hace más de dos semanas.

—Ay, los jóvenes de hoy... Mi hijo, fíjese usted...

Y entonces el agente se embarca en una historia infinita que en absoluto tranquiliza a Jacques, quien solo quiere que encuentren a su hija.

—Mire, voy a emitir una alerta en el BCS; lo avisarán si hay novedades. Que tenga un buen día, señor.

Con estas palabras despachan a Jacques. No sabe qué es el tal BCS, pero espera que actúe rápido, aunque, con la pinta y la actitud del policía, más bien se inclina a pensar que está dando palos de ciego. El BCS es el boletín central de partes policiales, una aplicación informática de la policía que permite difundir un mensaje por todo el país. El mensaje de la desaparición de Maureen ha emprendido el camino y no tardará en dar resultados.

Esa mañana, Jacques está en casa, preparándose para salir a

hacer la compra. Mehdi, por su parte, acaba de llegar a comisaría para incorporarse a su turno. Sus colegas lo han estado esperando impacientes para una tarea que todo el mundo detesta hacer: siempre lo eligen a él para dar las malas noticias. A sus compañeros les parece que él «lo hace bien». Mehdi no es de la misma opinión, pero ha sido el último en llegar, es el benjamín del equipo, el novato y, como tal, le toca comerse los marrones. Hoy, el marrón es anunciarle a un hombre que acaba de perder a su mujer que su hija ha fallecido. Mehdi se alegra de haber pasado un fin de semana estupendo, pues al menos podrá agarrarse a ello para afrontar el día difícil que le espera.

Llaman a la puerta, Jacques va ya vestido para salir, lista de la compra en mano. Es Mehdi de uniforme, acompañado por un joven policía en prácticas.

—Buenos días, ¿es usted el señor Jacques...?

—Sí, soy yo.

Curiosamente, a Jacques no se le ocurre de inmediato que estos agentes vengan por su hija y se pregunta qué ha podido hacer mal para que la policía se presente en su domicilio. Una multa no pagada, un estacionamiento indebido; sus pensamientos se encaminan más bien hacia alguna infracción de tráfico, pues con tanta norma de vez en cuando uno comete infracciones sin ni siquiera darse cuenta.

—¿Podemos pasar?

—Justo estaba saliendo, pero entren, por favor. ¿Quieren un café?

—No, gracias, es muy amable. Tenemos malas noticias que darle. ¿No querría tomar asiento?

Jacques se sienta. Está a años luz de pensar que esos agentes han venido a anunciarle la muerte de su hija, que está en Francia. El anuncio es brutal, pero no existe una forma buena de dar una noticia semejante; algunas son tan solo menos malas que otras y estos policías cumplen su misión con toda la delicadeza de la que son capaces. No obstante, las penas aún no han acabado para Jacques.

No se lo cree; es como si se tratara de un mal sueño. De repente, en cuestión de segundos, su vida se desmorona. Ya nunca volverá a ser la misma, es consciente de ello; él, que ya ha pasado por tanto, y ahora esto. No es justo, Jacques nunca ha hecho daño a nadie. Pero la vida no es justa, nunca lo ha sido. Por mucho que nosotros queramos que lo sea, por mucho que desearíamos que se nos recompensara por las buenas acciones y solo se nos castigara por las malas, para la naturaleza eso no cuenta. Completamente aturdido, sin entender bien todavía lo que acaba de pasarle, Jacques pregunta cómo ha sucedido. Mehdi responde que la han asesinado. «¿Asesinado, a Maureen? Imposible, si ella es tan buena... ¿Pero por qué? ¿Quién ha sido?». Mehdi no sabe por qué, puesto que aún no han encontrado al autor del crimen. «¿Cómo?», pregunta Jacques, a quien lo que está viviendo le resulta tan irreal que ni siquiera le asusta la respuesta. «La han estrangulado», contesta Mehdi. A Jacques le viene un pensamiento a la cabeza: «¿La han violado?», pero Mehdi no sabe responder a esa pregunta.

—¿Dónde está?

A Jacques le gustaría ver el cuerpo de su hija. Mehdi le comunica que el cuerpo le será devuelto, pero que no podrá verlo porque se encuentra ya en estado de descomposición. Es demasiado para Jacques, que descubre de un solo golpe que su hija está muerta, que ha sido asesinada y que hace ya tiempo que ha ocurrido. Jacques se entera de que su hija lleva diez días muerta; se dice que tendría que haberla llamado más veces, haber insistido, ser más persistente a la hora de tratar de localizarla. Aunque ¿qué hubiera cambiado? Probablemente estaría muerta de todas formas.

—¿Cuándo podré verla?

—¿El ataúd, quiere decir? —pregunta Mehdi, que quiere asegurarse de que Jacques comprende la noticia que le ha dado—. Esta tarde, cuando llegue de Tournai.

—¿De Tournai? Pero ella estaba en Francia, no en Bélgica.

—Es todo lo que puedo decirle, no sé más; no somos nosotros quienes hemos encontrado el cuerpo —responde Mehdi.

En la funeraria, Jacques escoge el ataúd; el mismo que para Françoise, su esposa. A Maureen la enterrarán junto a su madre. Hay un espacio libre que estaba previsto para él, pero se lo cede a su hija. Acude mucha gente al tanatorio. Todo el mundo apreciaba a Maureen por su buen humor y su alegría de vivir. Durante la misa, en una iglesia abarrotada, los emotivos discursos ensalzan esas cualidades.

Después del cementerio, los asistentes continúan con una comida en el salón de eventos municipal. A media tarde, Jacques está de vuelta en casa, en un hogar que a partir de ahora estará vacío. Se sienta mecánicamente frente al televisor y pone las noticias para enterarse de lo que pasa en el mundo de los vivos. Todavía no tiene fuerzas para cambiarse y quitarse ese traje que ya utilizó en el entierro de su mujer. Suena el teléfono. Hay que señalar que Jacques aún tiene teléfono fijo, ese aparato que para los más jóvenes parece sacado directamente de la Antigüedad. Jacques duda de si levantarse y decide que no lo va a coger; bastante ha pasado ya durante los últimos días. Solo quiere estar tranquilo. Y funciona, el teléfono para de sonar.

Al cabo de unos instantes, comienzan a llamar de nuevo y Jacques se decide a responder; si no, ese teléfono no lo dejará en paz. Se levanta y descuelga un poco irritado:

—¿Diga?

—Hola, ¿papá? Ya he vuelto, ¿puedes venir a recogerme? Estoy en la estación.

Es Maureen. Maureen está viva.

Imagínense la sorpresa de Jacques, que, por suerte, no padece del corazón. Cae sentado, llora tanto que su hija es incapaz de entender qué le pasa. Él, que no ha llorado todavía la muerte de su hija, ahora llora porque está viva. Jacques va a la estación, recoge a Maureen y le cuenta toda la aventura. A Maureen se le había estropeado el móvil a los pocos días de marcharse, por eso era imposible localizarla. Ya de noche, Jacques llama a Mehdi, que le dejó su número de teléfono por si tenía algún problema. Problema no tiene ninguno, pero más vale avisarle. Y Mehdi responde:

—¿Pero entonces a quién hemos enterrado?

Sin duda, esa es la pregunta correcta. El asunto provoca un escándalo y sale publicado en todos los periódicos de la región. Incluso la televisión viene a entrevistar a Maureen y a Jacques, que está dichoso por la equivocación. Jacques, de naturaleza amable, no reprocha nada a nadie; prefiere centrarse en lo bueno y disfrutar de su recobrada felicidad, que incluso difumina ligeramente el dolor por la reciente muerte de su esposa.

—¿Doctor? Tenemos un problema.

Con estas palabras me contacta el juez de instrucción para solicitar que intervenga. Mi predecesor la ha pifiado con el tema de la identificación y hay que volver a hacerlo todo. Se exhuma el cuerpo y repito la autopsia. Se trata en efecto del cuerpo de una mujer; no hay errores en la altura y el peso ni en la descripción de los rasgos ni la estimación de la edad ni en ninguna parte. El fallo viene por otro lado: el reconocimiento fue un poco precipitado. La verdad es que no se puede identificar visualmente el cuerpo debido al estado de descomposición, pues el rostro se encuentra demasiado deteriorado. En cualquier caso, suelo desconfiar de la identificación visual, porque ya me ha jugado malas pasadas.

Una vez vino una señora a identificar a su hijo y no reconoció el presunto cuerpo cuando se lo mostré. Me sorprendió un poco, ya que el chico llevaba encima el carnet de identidad y parecía que el rostro se correspondía con la foto. Como tenía un tatuaje, le pregunté a la señora si su hijo se había hecho algún tatuaje y respondió que sí: un delfín en el brazo derecho, lo que coincidía por completo con el que presentaba el cadáver. Se lo enseñé y me contestó que aquello no era un delfín, sino un pez, y se negó a reconocer el cuerpo. Tuve que recurrir a la identificación con ADN para probar que efectivamente se trataba de él, a pesar de lo que afirmaba su madre, que, de hecho, seguía negando la muerte de su hijo por el inmenso dolor que le generaba.

En sentido contrario, también recibí a otra señora que vino a identificar el cuerpo de su hija, pero, lamentablemente, los cajones estaban mal etiquetados y saqué el cuerpo de otra persona, un joven al que la señora reconoció de inmediato como su hija.

Pero volvamos a la chica que ha habido que exhumar para repetir la autopsia. No es posible registrar las huellas dactilares debido al estado de descomposición. Ahora solo podemos recurrir a dos cosas que resulten eficaces: el ADN y una llamada al dentista, y así hacemos. El dentista viene ese mismo día y comprueba el estado de la dentadura mientras yo recojo muestras para el análisis de ADN.

Al cabo de unos días, el cuerpo se identifica formalmente gracias a su ficha dental. Sin mayor sorpresa, el análisis y la comparación de ADN coinciden con el análisis de la dentadura.

Este tipo de contingencias no deberían suceder hoy en día en Bélgica gracias a la existencia de una unidad concreta de la policía federal, la DVI (Disaster Victim Identification), creada en 1987 por Joan De Winne, que permite realizar la identificación en casos complejos. Esta unidad está compuesta por policías federales permanentes, con sede en la capital, y policías locales a los que requiere la DVI tan pronto como aparece un caso en su territorio.

El sistema de identificación, muy sofisticado, funciona de la siguiente manera: cuando alguien desaparece, la policía elabora una ficha *ante mortem*, que consiste en un registro de todas las características físicas de la persona desaparecida, como la altura, el peso, el color y la longitud del pelo, si lleva gafas, si tiene cicatrices o tatuajes, pendientes, piercings, acompañado de fotos y, sobre todo, datos médicos y dentales.

A nivel dental, se contacta con el dentista habitual para que facilite la ficha de la persona desaparecida, así como las radiografías de la dentadura que pudiera haber. A nivel médico, a veces se recoge la historia clínica y se reúnen todos los detalles de salud, como las enfermedades que padece o ha padecido a lo largo de su vida, si se ha sometido a alguna operación o si tiene alguna prótesis. En caso de llevar una prótesis, se consulta al hospital donde le practicaron la intervención para tratar de obtener el número de la prótesis implantada. En pocas palabras, es un trabajo pesado, pero muy útil.

Cuando se encuentra un cuerpo no identificado, realizamos, junto a la DVI, una ficha *post mortem* que incluye datos antropométricos como la altura, el peso, la corpulencia, la longitud y el color del pelo, la presencia de barba si se trata de un cuerpo masculino, tatuajes, cicatrices, amputaciones, etc. A continuación, se hace una radiografía del cuerpo para identificar posibles fracturas recientes que pudieran guardar relación con la causa de la muerte o con alguna agresión que la hubiera desencadenado, pero también fracturas antiguas, puesto que las cicatrizaciones óseas presentan una forma general típica para cada fractura. Si contamos con radiografías de la fractura del momento en que sucedió, con toda probabilidad podremos compararlas con las que tomemos del cadáver. Desde luego, esto no permite establecer una identificación formal e inequívoca, pero es un elemento que ayuda y, en los expedientes de identificación, hay que tenerlo todo en cuenta si queremos alcanzar resultados indiscutibles.

La identificación de personas siempre constituyó un problema hasta la llegada, en 1870, de la fotografía forense, la primera, en orden cronológico, de las tres grandes innovaciones técnicas de las que se aprovecha la criminalística moderna.

En siglos anteriores, para identificar a personas vivas o muertas, se habían desarrollado diferentes técnicas de eficacia limitada, hasta que un empleado de la prefectura de policía de París, Alphonse Bertillon (1853-1914), inventó la técnica antropométrica, que consiste en registrar diversas medidas individuales como la altura, el peso, la distancia entre el centro de los ojos, la distancia entre los extremos de los miembros superiores al extender los brazos, la longitud del pie, etc. La idea de Bertillon era que, si bien algunas medidas coincidirían en dos o más individuos, no ocurriría con todas ellas a la vez, y sería posible identificar con certidumbre a las personas. Se había acabado lo de llamarse Dupont en París y Durand en Marsella e ir cometiendo delitos bajo distintos nombres. Este método permitió desenmascarar a muchos reincidentes después de que en 1832 se prohibiera el estigma (aplicación de un hierro candente en la piel en caso de condena). Entre 1882 y 1893 Bertillon consiguió identificar con ella a cinco mil reincidentes. La técnica también se adaptó perfectamente a la fotografía forense, implantada en 1870, y se añadían los datos al expediente de cada delincuente sentenciado. Pero el método de Bertillon adolecía de ciertos fallos, el más importante de los cuales era no poder identificar al autor de un crimen cuando este no dejaba datos antropométricos sobre el terreno.

En este contexto, las huellas dactilares, la segunda gran técnica de la criminalística moderna, tuvieron un enorme éxito, pues atestiguaban la presencia del autor en el lugar del crimen. Se conocían desde 1826. A iniciativa de uno de sus inspectores, Edward Henry, Scotland Yard decidió empezar a utilizarlas a partir de 1897, y en 1901 creó el primer archivo de huellas dactilares.

En Francia, la primera identificación con este método data de 1902. Un hombre llamado Scheffer había entrado a robar en la consulta de un dentista en el barrio de Saint Honoré. Durante el robo lo sorprendió la criada de la casa y, antes de darse a la fuga, Scheffer la mató. Sin embargo, había dejado en una vitrina de la consulta sus huellas, que más tarde recogió la policía judicial. Al compararse las huellas de Scheffer, que era sospechoso del asesinato y negaba los hechos, con las que se habían encontrado en la escena de crimen, se le desenmascaró. Fue el primer condenado en Francia gracias a las huellas dactilares.

Más adelante, las huellas dactilares volvieron a ser el centro de atención de la prensa el 22 de agosto de 1911 tras el robo de *La Gioconda* del Museo del Louvre. Fue un robo audaz cometido en pleno día por el trabajador Vincenzo Peruggia, que, formando parte de un equipo, había participado en la renovación y mejora de algunas salas del Louvre. Aprovechando el cierre del museo el 21 de agosto, Peruggia se apoderó del cuadro, lo sacó de su marco y se lo llevó. Alphonse Bertillon tomó una huella dactilar del cristal del marco que había contenido *La Gioconda*, que se comparó sin éxito con las huellas de los 257 empleados del Louvre. Toda Francia se vio sacudida por una especie de frenesí. Se designó a un juez de instrucción, algo más bien inusual, excepcional incluso, para un simple robo. Se interrogó a gente como Pablo Picasso, y Guillaume Apollinaire llegó a pasar siete días en prisión. Se ofrecieron recompensas. Todo en vano. El asunto era un completo misterio y lo siguió siendo durante los dos largos años que pasó escondida *La Gioconda* en casa del ladrón, en la rue de l'Hôpital-Saint-Louis, distrito 10.º de París. A Peruggia incluso lo interrogó la policía, pero los agentes pensaron que no podía tratarse del ladrón al ver el lamentable estado de su estudio. Ni siquiera registraron el domicilio, en el que sin embargo se ocultaba *La Gioconda*. En 1913, Peruggia se llevó el cuadro a Florencia con la idea de ponerlo a la venta. Y fue al intentar hacerlo pasar por una copia de gran calidad a un anticuario florentino cuando la policía lo acorraló, advertida por el anticuario, a quien le pareció que esa imitación bien podía ser auténtica. Detuvieron a Peruggia y las huellas dactilares lo acabaron delatando, a pesar de que afirmaba no saber nada del robo y creer que se trataba realmente de una copia, solo para cambiar después de opinión y defenderse en vano alegando que había actuado por puro patriotismo, para devolver a Italia una obra que les pertenecía, seguramente sin saber que el rey Francisco I se la había comprado a Leonardo da Vinci en 1518, un año antes de la muerte del pintor, por un precio que algunos historiadores estiman en cuatro mil escudos de oro (más de un millón seiscientos mil euros). A Peruggia lo condenaron a un año y quince días de prisión, una sentencia que probablemente se atenuó en razón de su patriotismo, y que ni siquiera llegó a cumplir entera. *La Gioconda* regresó al Louvre el 4 de enero de 1914, tras una gira triunfal por Italia.

Pero volvamos a nuestro cadáver. A continuación, realizamos la autopsia con el fin de hallar la causa de la muerte, pero también de reunir cualquier elemento útil para la identificación, como el rastro de alguna operación: ¿está en su sitio la vesícula biliar? ¿Se ha realizado un bypass en el corazón? ¿Está entera la tiroides o falta una parte? Buscamos también todo indicio de reparación de fracturas y material de osteosíntesis, que, en algunos casos, lleva un número que nos permitirá identificar a la persona. Al contactar con la empresa que fabricó la prótesis y facilitarle el número, esta puede informarnos de a qué hospital se la vendió, y en el hospital, a su vez, nos dirán a quién se la implantaron.

El dentista interviene durante el curso de la autopsia para realizar una ortopantomografía, es decir, una radiografía general de toda la boca, y luego para hacer un estudio dental y comprobar si falta algún diente, si hay alguna prótesis, etc. Elabora un historial que podrá compararse con los de las personas registradas como desaparecidas.

A lo largo de la autopsia, extraemos muestras de sangre o músculo para hacer un análisis de ADN, la tercera gran técnica de la criminalística moderna, que se ha convertido en «la reina de las pruebas», y le valió fama mundial a su inventor, Alec Jeffreys. Todo comenzó con la violación y asesinato de dos jóvenes de quince años, Lynda Mann y Dawn Ashworth, en Leicestershire, Inglaterra, en 1983 y 1986. La investigación estaba estancada cuando, en 1987, se solicitó la intervención de Alec Jeffreys para que probara su nueva técnica, presentada dos años antes. Habían acusado a un joven con discapacidad intelectual de cometer los asesinatos, pero este solo admitió uno antes de ser completamente exonerado gracias al nuevo método. A continuación, cinco mil hombres de la zona se sometieron al test de la «huella genética» sin que se encontrara un perfil que coincidiera con el del esperma del autor de las violaciones. La investigación se encontraba de nuevo en un punto muerto cuando una mujer se presentó en la policía el 1 de agosto de 1987 para denunciar lo que acababa de oír en un pub. Un hombre se jactaba de haber recibido doscientas libras de su amigo Colin Pitchfork a cambio de una muestra de su sangre, que se habría aportado en lugar de la de Pitchfork para la investigación sobre las violaciones. Así fue como se detuvo a Colin Pitchfork, el primer hombre condenado gracias a las «huellas genéticas», como se las llamaba entonces. Desde entonces, la técnica ha evolucionado considerablemente; se ha perfeccionado y ha adquirido gran precisión y una alta sensibilidad. En sus inicios, hacían falta varios centímetros cúbicos de sangre para tomar una huella genética, mientras que hoy en día bastan unas pocas células.

Existen otras técnicas para identificar a un ser humano, pero prefiero citar solo las más importantes. La evolución de la criminalística sigue en marcha y no me cabe duda de que todavía nos aguardan sorpresas en los años venideros.

LA COMBUSTIÓN ESPONTÁNEA
Y OTRAS PUTREFACCIONES

La evolución *post mortem* del cuerpo puede tomar tres caminos distintos: el más común es la putrefacción y los otros dos, menos habituales, la momificación y la saponificación (una reacción en la que se produce una hidrólisis de los ésteres y se crea jabón).

Al morir, el cuerpo deja de generar energía y las células entran en un proceso de autólisis, es decir, se dan la muerte a sí mismas al faltarles la energía necesaria para mantenerse. Pero no todas las células mueren a la vez, pues algunas tienen mejor tolerancia a la privación de oxígeno. Las primeras en morir son las del sistema nervioso, en particular las del cerebro, y las del corazón.

Así se produce el segundo fenómeno: la putrefacción, que se debe, en primer lugar, a las bacterias putrefactivas que pueblan el intestino. Cuando morimos, estas bacterias dejan de estar confinadas entre las paredes intestinales y, atravesándolas, alcanzan el tejido cutáneo desde dentro, primero a la altura del bajo abdomen a la derecha, lugar donde el colon o intestino grueso entra en contacto con la pared abdominal. Entre veinticuatro y cuarenta y ocho horas después de la muerte comienza a extenderse por esta zona una mancha verde y, progresivamente, todo el revestimiento cutáneo se vuelve de un color verdinegro.

Al mismo tiempo, los gases de descomposición emitidos por estas bacterias van inflamando los tejidos del organismo, tensándolos de tal manera que parece que van a estallar. No se preocupen, nunca estallan. Estos gases se componen principalmente de metano, sulfuro de hidrógeno, amoniaco, tioles y dióxido de azufre, y despiden una pestilencia inconfundible.

La epidermis se desprende de la dermis bajo la acción conjugada de estos gases con los líquidos de la descomposición, y se forman una especie de ampollas acampanadas llamadas flictenas. Cubiertas tan solo por una fina película, las flictenas son extremadamente frágiles y se rompen al menor contacto, derramando el líquido que contienen. Estos líquidos de la descomposición despiden un olor fuerte que persiste largo tiempo sobre cualquier tipo de tejidos.

Cuando uno ha estado expuesto a un hedor semejante, ya nunca lo olvida. Lo peor es que, una vez que se ha asociado este olor a un cadáver, es imposible volver a comer nada que esté mínimamente pasado. En una ocasión, unos amigos cazadores y yo fuimos a un restaurante a comer jabalí y venado al final de la temporada de caza. Yo, que no cazo, no estoy acostumbrado a este tipo de carnes. Me sirvieron una porción de jabalí madurado, es decir, preparado según la técnica del *faisandage*, que consiste en dejar reposar la carne hasta que se pudre un poco. Al primer bocado, supe que no pasaría de ahí. Sabía a cadáver en estado de putrefacción. No teman: nunca he comido cadáver humano putrefacto, aunque sepa cómo sabe. Todo se explica por una cuestión de fisiología humana. Por un lado, los olores de la descomposición se mezclan con la saliva, posibilitando en cierta medida su degustación, mientras que, por otro, los centros del gusto y el olfato se encuentran interconectados de tal manera que podemos saborear lo que olemos, como ocurre justamente con estos olores. Jabatos, venados y demás animales de caza están a salvo conmigo, ¡no he vuelto a probarlos!

Tras la inflamación de los tejidos, la aparición de las flictenas y el desprendimiento de la epidermis, llega la protrusión de la lengua y los ojos. Los gases de la descomposición se van acumulando en todas las cavidades, sobre todo en la cavidad abdominal, y esta se dilata generando una fuerte presión que a menudo provoca pérdidas de orina o heces, e incluso una protrusión del intestino a través del ano, o del útero a través de la vagina. Para llegar a este estado, han de haber pasado unas dos o tres semanas desde el fallecimiento a una temperatura cercana a los 18 °C. Tras varias semanas, el cadáver adquiere un color verde oscuro, incluso negro.

Al cabo de unos meses, aún quedan los órganos más sólidos, como el útero, la próstata o el corazón, así como el sistema ligamentoso del esqueleto. En nuestras latitudes, este estado se alcanza en un periodo de doce a dieciocho meses al aire libre. A partir de ahí, es posible que comience la esqueletización del cuerpo, que culminaría a los tres años al aire libre en nuestras latitudes.

Esa es la versión corta de la evolución de un cadáver. No creo que haga falta más. El caso es que el cuerpo puede escapar al menos parcialmente a la putrefacción, y momificarse o saponificarse en su lugar.

La momificación ocurre cuando el cuerpo se deshidrata en un ambiente muy seco. No tiene por qué hacer mucho calor. Está muy extendida la idea de que el calor es la mejor manera de momificar un cuerpo, pues uno tiende a pensar enseguida en las momias egipcias. Sin duda en Egipto, ese país concentrado a lo largo de un río que atraviesa el desierto, hace mucho calor. De hecho, sin el Nilo, Egipto no sería más que un desierto árido y tórrido. Si fueran las altas temperaturas lo que permite que se formen las momias, las encontraríamos en las selvas tropicales; sin embargo, como son lugares tan húmedos, es imposible que suceda. Lo que permite la momificación es la sequedad, no el calor.

Por el contrario, la saponificación o adipocira es el proceso que sufren los cuerpos en un entorno húmedo o incluso líquido.

Me gustaría abordar en este capítulo dos situaciones relacionadas con la putrefacción: la combustión espontánea y la exhumación. Ya veremos en próximos capítulos la cuestión de las momias («Una momia excelente») y la de los cadáveres saponificados («Una muerta sudada y otros ahogados»).

—¿Doctor? ¿Podría ir a examinar el cuerpo del señor X? La policía dice que ha sido una combustión espontánea.

La noche anterior había visto en la televisión francesa un reportaje tan conseguido sobre supuestos casos de «combustión espontánea» que me pregunté si no acabaría dando ideas a más de uno. Y no me equivocaba: justo al día siguiente, el primer caso.

La combustión espontánea se refiere a una situación en la que el cuerpo humano comienza a arder sin razón aparente, y, por lo general, de forma parcial. Se han registrado algunos casos alrededor del mundo, como el de una joven que comenzó a arder en mitad de un baile o el de otra en una discoteca. Pero en la mayoría de estos casos las personas habían bebido, o incluso eran directamente alcohólicas. Hoy en día, la hipótesis más verosímil para explicar estos fenómenos es que una pequeña cantidad de acelerante, como el alcohol, se encuentra presente en un cuerpo lo bastante graso justo cuando se produce el calor suficiente para que comience una combustión, que prendería fuego al acelerante hasta que la grasa corporal tomase el relevo del producto inflamable inicial. Es lo que se conoce como «efecto mecha», pero se trata tan solo de una hipótesis. Básicamente, es más una teoría que una realidad comprobada.

En todo caso, ahí están la prensa escrita y la televisión dando testimonio del gran revuelo que, como un eco del reportaje de la noche anterior, provocó el caso que voy a exponer a continuación. Me encuentro el cuerpo en la cocina de un primer piso, tendido de espaldas, totalmente desnudo y ennegrecido. Seguramente ese color es lo que ha hecho pensar a la policía en una combustión espontánea, pero ni el cadáver ni el suelo presentan rastro alguno de quemaduras. En cambio, los líquidos de la descomposición han dejado el suelo de linóleo blanco renegrido; la oscura mancha se limita al lugar del cuerpo, excepto por un derrame que se extiende hasta los fogones, lo que refuerza la teoría de una combustión.

Estoy acostumbrado a ver muertos calcinados por inmolación. Es una modalidad de fallecimiento excepcional, pero he tenido ocasión de ver unos cuantos. La persona se vierte algún acelerante por todo el cuerpo, como gasolina, y luego se prende fuego con un simple mechero. El acelerante se incendia y las llamas consumen la ropa y afectan al revestimiento cutáneo, pero nunca lo traspasan. El resultado son unas vastas lesiones cutáneas por quemadura, imposibles de confundir con la putrefacción.

Ahora, en realidad, me encuentro simplemente ante un cadáver en un proceso de descomposición que dura ya varias semanas. El correo lleva tres semanas sin recogerse, el mismo tiempo que hace que este señor dejó de dar señales de vida. Nada de combustión espontánea; esto no es más que una putrefacción como otra cualquiera.

Una exhumación es normalmente el resultado de un fracaso, de una sospecha no resuelta antes del entierro o de un asesinato que se ha pasado por alto, como veremos en el capítulo «Por hablar demasiado». La exhumación es como una caja de bombones, nunca sabes lo que te va a tocar. Lo único seguro es que hacerle la autopsia al exhumado nunca va a ser la parte más agradable del día.

Ante la legítima duda del juez, que pregunta si «vamos a encontrar algo más», siempre respondo lo mismo: «Hay que abrir el ataúd para saberlo», pues, según las características de la tierra en la que se haya inhumado el cadáver, varía el nivel de putrefacción.

La mayoría de las exhumaciones se realizan cuando hay que revisar la causa de la muerte, normalmente porque quisieron ahorrarse el análisis forense al descubrir el cadáver o al certificar la defunción, como sucede con el caso del capítulo «Por hablar demasiado». No obstante, también se hacen exhumaciones por razones que expondré en pocas palabras. Cuando ocurrió la catástrofe de la rue Léopold en Lieja (27 de enero de 2010), en la que, a causa de una explosión seguida de un incendio, dos edificios se vinieron abajo con sus habitantes dentro, tuve que identificar a Paulette, una señora que vivía sola. Dado que las llamas habían consumido el cuerpo, la única técnica que valía en su caso era el análisis de ADN, pero para ello se necesitaban elementos de comparación: el ADN en el cepillo de dientes, en la almohada o en otros objetos con los que hubiera entrado en contacto, cosas que habían desaparecido por completo tras la explosión, el incendio y el derrumbamiento de la casa.

En estas situaciones, hay que tomar muestras de ADN a los familiares para poder compararlas con las que se encuentran en el cuerpo que queremos identificar. Problema: esta señora vivía sola y no tenía familia; su único hijo, Édouard, toxicómano, había muerto de una sobredosis dos años antes. A Paulette no le quedaba mucho dinero; todo lo que tenía se lo había ido dando a Édouard, un auténtico pozo sin fondo. Desprovista de recursos, no había podido pagar el entierro de su hijo; el municipio asumió los costes del funeral y a Édouard se lo enterró como una «persona indigente», es decir, en un sencillo ataúd a cargo del ayuntamiento en lo que antiguamente se llamaba la «fosa común», que dejó de ser común hace mucho tiempo. Hoy en día cada uno tiene un lugar con su nombre, y menos mal, porque en el caso que nos ocupa no me quedaba otra que desenterrarlo.

El día indicado, acudo al cementerio para la exhumación junto a la DVI, la unidad de la policía federal encargada de la identificación de víctimas de catástrofes. Es lo mínimo que se puede decir del incendio de la rue Léopold y sus catorce muertos: una auténtica catástrofe. Los trabajadores del cementerio nos están esperando para empezar, ponen en marcha la excavadora y comienzan a cavar en el lugar de la tumba.

El agujero se va haciendo cada vez más hondo: un metro, metro y medio, dos metros, y el ataúd sigue sin aparecer. A los dos metros, no cabe duda de que hemos superado la profundidad a la que se practican los enterramientos, hay que ser realistas: el ataúd y el cuerpo no están, se han desintegrado a una velocidad inimaginable debido a la baja densidad de la tierra, en la que la circulación del agua y el aire han creado un drenaje singularmente eficaz. Al revolver la tierra, encontramos todavía unos pocos fragmentos de hueso que, tras el análisis de ADN, nos dan el código genético de Édouard. Comparándolo con el del presunto cuerpo de Paulette, al fin podemos identificarla.

Jamás se me habría ocurrido pensar que, al cabo de dos años, el cuerpo de Édouard pudiera encontrarse en semejante estado de descomposición. Por el contrario, hemos exhumado a personas que después de veinte años seguían prácticamente intactas y hasta reconocibles. Todo depende de la tierra en la que son inhumados y no se puede predecir el estado en que se encontrarán.

VARIAS MOSCAS Y UN ESQUELETO

Me encuentro ante un edificio de seis plantas sin ascensor. Nada más entrar, comprendo inmediatamente por qué estoy aquí. Los vecinos han alertado a la policía por un fuerte olor que desde hace días despide el apartamento de la última planta. Al acudir al lugar, la policía entendió enseguida que debía de haber un cadáver en el sexto piso. Avisaron al fiscal adjunto, que se puso en contacto con el juez de instrucción, quien requirió mi presencia sobre el terreno, siguiendo la rutinaria reacción en cadena.

A mi llegada, todo el mundo está ya allí. Se encuentran esperándome en la escalera de la sexta planta. Nadie se ha atrevido a entrar, y con razón: el olor es insoportable.

Me adentro en el piso seguido de los de la científica. Se trata de un apartamento que se extiende en hilera habitación tras habitación a lo largo de la fachada del edificio, sin pasillo, es decir que, para recorrerlo, hay que ir atravesando las distintas estancias. Con semejante olor como guía, me queda claro que debo dirigirme a la derecha.

Uno nunca se hace a un olor como ese. Es insoportable y lo sigue siendo durante toda una vida de trabajo. Sin embargo, aunque es imposible acostumbrarse, se acaban encontrando métodos de adaptación. El mío consiste en entrar en la habitación en la que se halla el cadáver lo más rápido posible, pero sin precipitarme, y permanecer allí un rato hasta que la nariz se me satura y empiezo a notarlo menos. Y funciona.

Es fisiología aplicada, algo que todo el mundo sabe sin ser consciente de ello: cuando nos echamos perfume o *aftershave*, solo lo olemos durante unos cuantos minutos, pues al cabo de un rato los receptores olfativos, situados justo detrás de la raíz de la nariz, acaban saturándose. En el caso del olor a putrefacción sucede lo mismo, con la salvedad de que, al tratarse de un olor penetrante, nunca dejamos de notarlo del todo. Lo que jamás hay que hacer es entrar y salir de la habitación, pues es el mejor modo de que te den náuseas. Tampoco se debe llevar ropa de lana, ya que agarra muy bien este tipo de olor. Así ocurrió con un hombre que se suicidó con una sobredosis de fármacos dentro de su Porsche. No lo encontraron hasta unos días después. Por desgracia, era verano y el sol, que pegaba fuerte en el parabrisas, aceleró el proceso de putrefacción. Cuando descubrieron el cuerpo, ya estaba en fase avanzada de descomposición y algunos líquidos se habían derramado por los asientos. Estaban irrecuperables. Los quitaron, los cambiaron por otros, pero el hedor persistía y tuvieron que retirar toda la tapicería del interior. Al final, a pesar de todo, fue imposible librarse del olor y el coche quedó echado a perder. El elegante Porsche acabó sus días en el desguace.

Las ventanas van quedando a mi izquierda según avanzo por el apartamento, que se encuentra en un estado de suciedad y desorden al que ya estamos acostumbrados. El olor se va volviendo más penetrante conforme pasamos de una habitación a otra.

La policía había encontrado con bastante facilidad a los inquilinos del piso, unos toxicómanos que declararon que un día, no sabían muy bien cuándo, al volver a casa descubrieron el cuerpo de uno de sus amigos colgando de la barra de una cortina. Como no querían problemas con la policía, decidieron bajar el cuerpo de allí y depositarlo en la última habitación debajo de unas mantas. Al principio, cuanto más olía, más mantas le echaban; después el olor se volvió insoportable y se fueron de la casa.

A medida que seguimos avanzando, no solo se intensifica el olor, sino que comienza a oírse un ruido cada vez más fuerte. Un ruido parecido al de un enjambre de insectos. Enseguida caigo en que las moscas deben de estar dándose un festín. Antes de entrar, le digo a mi compañero de desventuras, un agente de la unidad científica de la policía judicial, a la que conocemos coloquialmente como PJ: «Voy a abrir. Ante todo, no abras la boca y tápate la nariz. Entro, abro la ventana y luego vemos qué hacemos».

La habitación está a oscuras, no se ve nada y el ruido de las moscas es ensordecedor. El suelo cruje a mi paso. Lo que estoy pisando en realidad son cadáveres de moscas, y lo que cruje, sus esqueletos de quitina. Al llegar junto a la ventana, la tanteo pensando que debe de haber una cortina, pues no entra luz alguna; en su lugar encuentro directamente la manilla y abro de par en par, sin girarme, dejando salir a decenas de miles de moscas. Las noto golpeándome en la nuca.

Cuando consigo dar media vuelta, descubro una habitación plagada de cadáveres de moscas (que, pegados también al cristal, eran lo que opacaba la ventana), con una pila de mantas en el centro.

Mi compañero y yo vamos retirándolas una por una y, a la sexta manta, hallamos el cuerpo. Está prácticamente «esqueletizado» (neologismo del inglés *skeletonised*), es decir, prácticamente reducido a esqueleto, con apenas unos colgajos de piel acartonada aquí y allá y los ligamentos de las articulaciones que mantienen unidos los huesos.

Semejante estado de descomposición sugiere que la muerte se remonta a varias semanas atrás, lo que resulta preocupante si tenemos en cuenta que la policía incursionó en el apartamento hace diez días para investigar y es imposible que pasaran por el alto el cadáver de haber estado allí.

Trasladan el cuerpo a mis dependencias y, en la sala de autopsias, trato de hacer cuanto está en mi mano para encontrar la causa de la defunción y la identidad de esta persona. Gracias a la ficha dental, la identificación es rápida.

En cuanto a averiguar la causa de la muerte, es una ardua tarea cuando el cuerpo se encuentra en tal estado. Lo cierto es que, a no ser que hallásemos una marca de cuchillo o proyectil en algún hueso, ya no se puede decir gran cosa. En este caso, gracias a una fractura en el hioides, un huesecito que se encuentra en la base del cuello, consigo corroborar que ha habido estrangulamiento, probablemente por ligadura, debido probablemente a un ahorcamiento, probable causa de la muerte. Mucho «probable» hay aquí, pero al menos es mejor que nada y puede confirmar la versión de los inquilinos.

Falta todavía establecer el momento de la muerte. Para ello, recurrimos a los servicios del doctor Marcel Leclercq (1924-2008), un médico de familia de Beyne-Heusay, en la periferia de Lieja. Marcel era un hombrecillo alegre, siempre con una sonrisa en los labios y alguna historia de moscas que contar.

Cada lunes, Marcel acudía al coloquio que organizamos los médicos del departamento para comentar nuestros casos semanales. Desde siempre le interesaron las moscas. Ya en su primer año de Medicina, se presentó en el examen de biología con un tarro de moscas para explicárselas al profesor. Cada vez que viajaba de vacaciones o por congresos, Marcel llevaba consigo un paraguas negro, una regadera y una redecilla tipo mosquitera. A pleno sol, abría el paraguas, lo regaba y esperaba a que los insectos acudieran a beber para atraparlos con la redecilla. A lo largo de los años, consiguió reunir así una colección de más de dos millones de moscas y otros insectos.

Marcel es reconocido internacionalmente por su extraordinaria pericia en el campo de la entomología forense, ya que, con sus conocimientos, llegó a proporcionar información clave en diversos casos de investigación, a veces muy mediáticos. Le llamamos el «Señor de las Moscas», sin ninguna relación con Belcebú.

Marcel me contó una historia muy singular. Durante una investigación bastante delicada, se exhumaron una serie de cadáveres en los que se encontró presencia de moscas. Los agentes de la policía y funcionarios judiciales belgas encargados del caso, conscientes de que para un asunto como aquel hacía falta contar con los mayores expertos en la materia, pidieron ayuda al FBI. Un paso lógico, dada nuestra debilidad en términos de medios y tecnología en comparación con ellos, aunque cabe aclarar que el FBI tiene apoyo directo del gobierno de Estados Unidos. En todo caso, la rotunda respuesta que dieron los dejó pasmados: «No podemos ayudarles». Argumentaron que las moscas americanas no eran las mismas que las belgoeuropeas (algo totalmente cierto), para las que no tenían ni el conocimiento ni la manera de adquirirlo desde Estados Unidos. Además, añadieron que la persona responsable del desarrollo moderno y científico de esa disciplina se llamaba Marcel Leclercq y era médico en Lieja. Me habría encantado ver la cara de los investigadores y los funcionarios cuando se enteraron de la noticia.

En el mundillo científico forense, Marcel Leclercq es referencia obligada. Todavía hoy se lo cita a pesar de que falleció en 2008. Fue autor de 353 publicaciones; tres libros, entre ellos, *Entomologie et médice légale*, que salió al mercado en 1978 y todavía hoy tiene un lugar de honor en mi biblioteca, y tres documentales (uno de ellos en colaboración conmigo, *La guerre des mouches*, Mona Lisa Production). En realidad, Leclercq desenterró, actualizó y mejoró considerablemente la obra del veterinario y entomólogo francés Jean-Pierre Mégnin (1828-1901), autor de una obra fundacional de la medicina forense publicada en 1894, *La fauna de los cadáveres*, que todavía hoy se edita y que la tormentosa historia de la medicina forense había dejado caer un poco en el olvido.

Pero volvamos a nuestro cadáver. Marcel demuestra que es posible que las numerosísimas moscas de la habitación se hayan desarrollado en un tiempo récord gracias a las altas temperaturas del lugar, de manera que se podría adelantar el momento de la muerte a hace ocho días, es decir, dos días después de que pasara la policía por el apartamento, lo que supone un verdadero alivio para todo el mundo y una experiencia inaudita para nosotros, los forenses.

En toda mi carrera, es la primera y única vez que he visto que las moscas devoraran un cuerpo a semejante velocidad, aunque es cierto que las condiciones eran excepcionales. Estábamos en mitad de un caluroso verano, en una habitación pequeña orientada al sur, sin cortinas y con doble ventana, una auténtica incubadora de moscas.

ESQUELETOS A PORRILLO

No es raro que a los forenses nos llamen para analizar esqueletos, el último estadio de la descomposición. Sin embargo, el examen de los huesos es una práctica que requiere una formación especial. Afortunadamente, contamos con magníficos antropólogos forenses tanto en Francia, con el profesor Gérald Quatrehomme en Niza o el profesor Eric Baccino de Montpellier, como en Bélgica, con Philippe Lefebvre en Charleroi, al que acudo sistemáticamente cada vez que encontramos un esqueleto un poco sospechoso. Aunque yo también hice estudios específicos en esta disciplina, nunca la he practicado demasiado y prefiero cubrirme las espaldas con la experiencia de un gran conocedor, siguiendo mi máxima favorita: «La práctica hace al maestro».

A Christian le apasiona la espeleología y, como tiene la suerte de que hay muchas cuevas cerca de su casa, disfruta explorándolas cada semana. A fuerza de recorrerlas, ya no guardan secretos para él y conoce bien cada una de sus múltiples entradas. Incluso suele comentar que «encontraría el camino con los ojos cerrados». A mediodía, su amigo Pierre, compañero habitual de espeleología, pasa a buscarlo a casa, pero Christian no está. Tampoco está su equipo, así que la madre de Christian le dice que debe de haberse ido a «sus cuevas», como él las llama. Pierre vuelve a casa.

A la mañana siguiente, lo despiertan unos agentes: «Buenos días, señor, somos de la policía. Estamos buscando a Christian, ¿no estará con usted?». Christian no volvió a casa por la noche y, por la mañana, su madre ha avisado a las autoridades para denunciar la desaparición.

—No, pero me dijo su madre que se había ido a hacer espeleología.

—Así es. Estamos haciendo una ronda de comprobaciones con las personas más cercanas antes de buscar en las cuevas.

—Les acompaño, conozco bien las cuevas. Vamos a encontrarlo.

Con estas palabras, Pierre deja a los policías y corre a por su equipo, decidido a participar en la búsqueda de Christian y, sobre todo, a encontrarlo. Habrá tenido una mala caída, piensa, hay que darse prisa, pronto hará veinticuatro horas que está ahí dentro. Siente una oleada de pavor al darse cuenta de que Christian ya debe de haberse quedado sin luz. Nunca le ha gustado la oscuridad y en parte seguramente empezó a ir a las cuevas para ponerse a prueba, para superar ese miedo que lo angustia desde la infancia. Los agentes reúnen un grupo pequeño de espeleólogos aficionados —hay muchos en la zona— y se lanzan a la búsqueda de Christian.

La operación comienza hacia el mediodía. La noción del tiempo, marcada por la luminosidad y la posición del sol, se pierde bajo tierra. Estas cuevas son enormes y se ramifican por todas partes. La búsqueda procede de manera caótica, sin ningún orden, pues todos creen que será fácil encontrarlo, pero desgraciadamente no es así. Hacia las ocho de la tarde, con un cansancio generalizado, dan por terminada la jornada y acuerdan retomar la búsqueda al día siguiente a las siete de la mañana.

En la superficie, los que han estado barriendo los bosques circundantes han descubierto una entrada: un orificio muy vertical, un auténtico pozo por el que descendía una cuerda que alguien había atado a un árbol. Al recoger la cuerda, se dan cuenta de que es demasiado corta para alcanzar el fondo y, por su aspecto, está claro que se ha roto. Con la idea de que Christian podría estar herido abajo, inconsciente por la posible caída, un hombre descendió hasta el fondo del pozo con ayuda de otra cuerda, sin encontrar ni rastro de él.

Al día siguiente, se reanudan las operaciones de búsqueda. Sobre el mapa de las cuevas que el municipio proporciona a la policía, el comisario a cargo traza una cuadrícula y divide la zona en sectores, a cada uno de los cuales se asigna un equipo de búsqueda. Al final de día, el resultado es el mismo que la víspera: nada.

Los días pasan y sigue sin haber noticias de Christian. Las cuevas son realmente inmensas, cierto, pero, después de cinco días, no debería de quedar ni un rincón sin peinar. Hay que ser realistas: Christian no está en las cuevas. Comienzan a surgir otras hipótesis: una fuga, pero uno ya no se fuga con veintitrés años; un viaje, pero sus documentos de identidad, su maleta y todas sus cosas siguen en casa; un secuestro, pero la familia no es rica, no podría pagar un rescate. Solo queda la posibilidad de un asesinato. Sin mucha esperanza, la policía abre una investigación.

Pasan días y semanas, luego meses, años. En el pueblo, la desaparición se convierte en una leyenda que inspira a los espeleólogos aficionados a lanzarse a las cuevas en busca del cuerpo de Christian. Encontrarlo sería como descubrir el santo grial. Aunque, después de veinticinco años, todo el mundo ha perdido la fe.

Hasta que un día la puerta de comisaría se abre para dar paso a tres jóvenes, vestidos de espeleólogos, que depositan un casco sobre el mostrador de la entrada.

—Hemos encontrado el cuerpo de Christian.

—¿El cuerpo de quién? —pregunta la joven agente, que, además de ser nueva, ni siquiera es del pueblo.

—De Christian, el que despareció hace veinticinco años.

Un agente que sí es de la zona oye la conversación y se acerca.

—Anda, chicos, dejaos de bromas.

—Pero de verdad, mire, es su casco, lleva su nombre.

Sonriendo, el policía coge el casco que le tiende el joven y, al examinarlo, se le borra la sonrisa de la cara. Lívido, llama gritando al comisario.

—¡Comisario! ¡Venga, han encontrado a Christian!

Dos horas más tarde estoy en las cuevas, vestido de espeleólogo, listo para la primera incursión espeleológica de mi vida. Después de más de una hora caminando y reptando por las cuevas junto a la PJ, la científica y hasta el fiscal adjunto, llegamos al lugar en que se ha descubierto el cuerpo.

Ahí está Christian, tendido de espaldas, esperándonos desde hace veinticinco años. Desde luego, el tiempo ha hecho su trabajo y lo único que encontramos es el esqueleto, pero ahí está. Nunca volveré a ver algo parecido. Al encontrarse en una cueva, sobre suelo llano, protegidos del viento y la intemperie y en un entorno con temperatura e higrometría estables, los huesos están intactos, cada uno en su lugar; no se ha producido dispersión alguna, excepto por una ligera alteración en las vértebras cervicales provocada por los espeleólogos al retirar el casco como prueba de su descubrimiento. Todavía lleva una sudadera y un par de botas, la humedad ha destruido el resto de la ropa.

Los huesos están perfectos. Alrededor del esqueleto recojo lo único que queda de la actividad entomológica: numerosas pupas[*] vacías que luego enviaré a nuestro entomólogo forense,

---

[*] Estado intermedio entre la larva y el imago en los insectos dípteros.

el doctor Leclercq, quien descubrirá cinco días más tarde, gracias a su examen, que los cadáveres de pupas pertenecen a un insecto desconocido en Europa continental, pero muy común en Inglaterra, abriendo así un amplio debate acerca de su presencia en el continente.

La policía científica fotografía todo el lugar, el espacio que acogió las últimas horas de Christian y que durante años le ha dado sepultura; luego recojo los huesos y subimos a la superficie. Después de veinticinco años, Christian por fin sale de sus cuevas.

Llevo los huesos a la sala de autopsias para explorarlos mejor, pero el examen no desvela nada, excepto la ausencia de fracturas. Paso entonces al examen antropológico, que me permite confirmar que se trata de un varón caucásico en la veintena, como corresponde a Christian. Un dentista me acompaña en la sala para comparar los dientes del esqueleto, conservados a pesar de los años, con la ficha dental del chico, también conservada a pesar del fallecimiento del dentista que lo trataba. Este último examen es determinante: se trata efectivamente de Christian.

Los restos le son devueltos a la familia para su entierro, aunque, además de la celebración del funeral, el descubrimiento permite algo más importante: poner fin a años de duda. Dado que, a pesar de todos los esfuerzos, no se había encontrado a Christian, cabía pensar que no hubiera muerto en las cuevas, sino que siguiera vivo en alguna parte. ¿Por qué terrible motivo no había dado señales de vida? Nadie lo sabía, pero toda hipótesis era válida.

Descubrir restos óseos, aunque poco frecuente, no es algo excepcional. Sin embargo, la mayoría de las veces se trata de unos cuantos huesos, no de esqueletos enteros. Aproximadamente una vez al mes recibo una caja o una bolsita llena de huesos que se han encontrado al hacer obras, casi siempre con una solicitud de análisis. Por lo general, son de animales, pero de vez en cuando resultan ser huesos humanos.

Hace unos años, un espeleólogo interesado en descubrir nuevas grutas se dedicaba a explorar sobre todo los pedregales amontonados al pie de grandes paredes rocosas, pensando que allí podrían encontrarse los accesos. Tratando de despejar uno, acabó hallando unos huesos, que recogió antes de avisar a la policía.

Hice el camino con Jacques, el fiscal. El lugar estaba a media hora de mi casa. Al llegar, para sorpresa nuestra, los periodistas ya estaban allí. ¿Cómo se habían enterado? Un misterio. En todo caso, nos valió una buena cobertura mediática, con nuestra foto manipulando los huesos recién descubiertos en la primera página del periódico local.

Al examinarlos, me sorprendió observar conformaciones óseas con las que no estaba familiarizado. Se trataba sin duda de huesos humanos, pero algo particulares. En concreto, presentaban un tercer trocánter. Los trocánteres son esas pequeñas protuberancias óseas situadas en la cara posterior de la epífisis superior del fémur, el hueso del muslo. Hablando claro, había un tercer bulto óseo debajo de la cabeza del fémur cuando no debe haber más que dos.

Los huesos no mostraban ninguna señal de traumatismo o fractura, por lo que, como todavía no se había encontrado el cráneo, única parte del esqueleto que permite la identificación, mi misión quedaba en suspenso hasta nuevo aviso.

Jacques sí me pidió que comprobara si hacía más de veinte años del fallecimiento de esta persona, para lo cual sometí los huesos a un examen que consistía, en aquella época, en iluminar el interior con una lámpara de Wood (luz ultravioleta). No mostraban luminiscencia alguna, prueba de que la etapa *post mortem* de los huesos superaba ampliamente los veinte años, sin poder ser más precisos. Veinte años es el plazo máximo de prescripción de los delitos. Por ese motivo interesa tanto a las autoridades judiciales, ya que, si la muerte se remonta a más de dos décadas, la acción penal pública se extingue y ya no se puede procesar a los autores del crimen. Como la acción penal se había extinguido en este caso, Jacques se quedó tranquilo a pesar de que no se hubiera identificado aún al muerto.

Al cabo de unos días, Jacques me llamó para informarme de las novedades del caso. «¿Estás sentado?». Me intrigó lo divertido que sonaba el fiscal al teléfono, así que me tranquilicé pensando que no podía ser nada serio. «Sí, sí, dime». Estaba de pie, pero ya me había picado la curiosidad y quería saberlo. «Es un hombre del Neolítico», me dice.

Jacques me contó que un arqueólogo, al ver nuestra foto en el periódico, se había puesto en contacto con la policía para examinar los huesos. El arqueólogo determinó que se trataba de huesos procedentes de una tumba neolítica. Se declaró la zona «yacimiento arqueológico» y prosiguieron los trabajos de excavación que ya había iniciado nuestro espeleólogo aficionado. No sin cierta ironía, los arqueólogos llamaron al sitio «El hoyo de la PJ».

—¿Doctor? Tengo un esqueleto para usted —me anuncia un día el fiscal de guardia.

El lugar está a dos pasos del IML. Hace bueno y me apetece tomar el aire. Así que me echo la mochila de trabajo a la espalda y me pongo en marcha para ir caminando. Hace muchos años que decidí optar por una mochila en vez de un maletín, ya que me permite tener las dos manos libres y una mayor movilidad.

El muerto está en la tercera planta del edificio. La puerta del apartamento da directamente al salón, donde se halla el cuerpo, sentado en una butaca frente al televisor. El mando a distancia se encuentra en el reposabrazos junto a su mano derecha. Estaba viendo *Les douze coups de midi*, el programa presentado por Jean-Luc Reichmann en TF1. Me gusta mucho ese presentador y me digo para mis adentros: «Hasta los muertos lo ven». Como no han avisado a los de la científica, yo mismo fotografío el lugar. La cuestión de las fotos en medicina forense es bastante particular: siempre muestran una escena mucho más cruda, más siniestra que la auténtica realidad. Nunca dejará de sorprenderme. Las fotos que hice en esa ocasión no solo no fueron excepción, sino que resultaron todavía más siniestras por el hecho de que estuviera encendida la televisión y se viera perfectamente la cara de Jean-Luc Reichmann en algunas imágenes, como poniendo de relieve que la vida continúa a pesar de la muerte.

El cadáver sentado está totalmente descarnado, y se puede apreciar el esqueleto bajo los restos de ropa que aún cubren el cuerpo en algunas zonas y la capa de piel acartonada, resultado de una especie de momificación cutánea, que recubre todavía los miembros y el tórax. La cabeza sigue sosteniéndose encima de los hombros de milagro, pero nada más tocarla, se desprende y cae sobre las rodillas del cadáver. Menudo momento, sobre todo para los policías, que aunque no se lo esperaban más que yo, desde luego sí quedan bastante más conmocionados.

No hay restos de moscas ni pupas, lo que indica que no ha habido actividad de la entomofauna, es decir, que ni las moscas ni otros insectos han intervenido. Las ventanas están bien cerradas, sin resquicios, la temperatura es de 20 °C y no ha debido de variar mucho. En estas condiciones, hacen falta varios meses, un mínimo de entre cuatro y seis, para que un cuerpo quede reducido a esqueleto.

Los agentes interrogaron a los vecinos, que efectivamente

habían notado un olor más bien insoportable hacía unos meses, pero que había acabado desapareciendo. Lo habían achacado a unas bolsas de basura que quedaron por ahí olvidadas y que finalmente se tiraron. Lo más impactante del asunto es que nadie se hubiera preocupado por este señor durante meses hasta que tuvieron que hacer unas reparaciones en la calefacción central. Hubo que vaciar las tuberías y, tras el arreglo, debía purgarse todo el sistema. Como el hombre no respondía, sin duda por una buena razón, terminaron llamando a la policía.

Ver muertos no es nada del otro mundo; la muerte nos sorprenderá a todos cualquier día de estos. Ver la exclusión social, la soledad y el olvido en que viven muchas personas, en cambio, es mucho más duro.

UNA MOMIA EXCELENTE

—¿Doctor? Le necesito en la calle... Supongo que la conocerá.
—No, no conozco esa calle. ¿Debería?
—Ya lo verá cuando llegue, se va a llevar una sorpresa.

Me pregunto qué tipo de sorpresa puede aguardarme el día de hoy en un oficio que nunca para de sorprenderme.

Al llegar, busco el coche de policía como siempre y lo localizo nada más entrar en la calle, enfrente del edificio en cuestión donde se ha encontrado el cuerpo. Es una casa típica de los setenta, la famosa casa «bel étage».*

Los agentes de policía me reciben fuera con una amplia sonrisa, en una vía claramente muy transitada.

—¿Y bien, doctor? ¿Está seguro de que no conoce esta calle?
—Pero ¿qué os ha dado a todos con la calle? ¿Qué tiene de especial?

Para ser una calle sin salida, hay demasiada afluencia de gente. Siguiendo a los policías, avanzo unos pasos para descubrir lo

---

* Vivienda típica en Bélgica donde la planta principal se encuentra elevada sobre el nivel del suelo, dejando la planta baja para otros usos, como garaje o almacenamiento *(N. de la T.)*.

que llama la atención de todos los conductores que pasan: hay chicas en los escaparates. Estoy, de hecho, en la calle más transitada de la ciudad, la calle de las prostitutas, a la que acabaré volviendo a menudo a lo largo de mi carrera por distintos homicidios o intentos de homicidio. Por fin se resuelve el misterio.

La casa se encuentra muy desvencijada, la puerta de entrada ni siquiera cierra. Durante un tiempo hubo okupas en la planta principal, mientras que en la baja los transeúntes aliviaban la tensión de la vejiga o, yendo todavía más lejos, la del perineo.

El dueño desapareció, no para disgusto de las chicas de la calle, a las que insultaba desde la ventana cada vez que pasaban, tratándolas de todos los nombres de animales conocidos, lo mismo que a sus clientes, que acabaron aprendiendo a cambiarse de acera. Los habituales ya lo saben; no hay que aparcar delante de su casa, a riesgo de desencadenar una buena sarta de groserías.

Y luego un buen día se acabó. Ni insultos ni groserías ni señor en la ventana. Preocupada, una de las chicas alerta a un policía municipal, cliente suyo. El policía, empujado por cierto sentido del deber, va a llamar a la puerta del susodicho sin obtener respuesta alguna. Al asomarse a las ventanas de la planta baja, constata un desorden espantoso que parece más bien normal en la casa. Cuando vuelve a la comisaría, avisa a los servicios sociales: «Ah, sí, el señor Schlitz. Lo conocemos bien: se niega a que lo ayudemos y nos insulta cada vez que intentamos visitarlo. Hemos dejado de ir». Después de esto, el policía, ocupado con otras labores, se olvida del señor Schlitz.

Seis meses más tarde, los bomberos tratan de encontrarlo en vano al producirse un incendio en la planta principal. Uno de los sin techo que vivía en la casa había encendido un fuego que acabó ardiendo demasiado bien. Los bomberos se limitan a evaluar las zonas quemadas en las diferentes plantas y la policía precinta la vivienda, que dura precintada por lo menos una semana antes de encontrar nuevos inquilinos del mismo tipo que los anteriores, si no incluso los mismos. Estos, sin embargo, no se quedan mucho tiempo, ya que la casa se ha vuelto totalmente incompatible con la habitabilidad a causa del incendio, incluso para un okupa.

En todo caso, la intervención vuelve a poner sobre la mesa el debate interrumpido meses atrás: «¿Dónde está el señor Schlitz?». Como se trata de un ciudadano extranjero, la hipótesis más extendida es que ha regresado a su lejano país, hipótesis que ofrece la ventaja de tranquilizar a todo el mundo.

Prosigue el inexorable deterioro de la casa. El tiempo pasa y sigue sin saberse nada del señor Schlitz, hasta que aparece Léon. Léon aún lo ignora, pero va a resolver el enigma de la desaparición del señor Schlitz sin saber siquiera que el enigma existe.

Léon es corredor de seguros en una compañía de buena reputación, un atractivo joven de treinta y cinco años al que sus padres pusieron un nombre ya bastante desfasado en honor a su abuelo. Aunque no están casados, Léon quiere a su novia Nathalie, pero a ella le interesa poco el sexo y para Léon, que se encuentra en la flor de la vida y a quien no le faltan ganas ni capacidad de satisfacer a su pareja, supone un problema. Sus amigos le dicen: «Déjala, ya encontrarás a otra», pero Léon está enamorado y no se imagina su vida sin ella. Los amigos, que definitivamente no escatiman en buenos consejos, van más allá: «Búscate una amante». Pero Léon se les ha adelantado. Nora es una chica muy guapa de veintidós años, de origen magrebí, soltera, que ha terminado los estudios hace poco. Acaban de contratarla en periodo de prueba en el departamento de siniestros y Léon es su tutor de formación. Se reúnen todos los ingredientes para que pase algo entre ambos. Nora vive con su madre y sus tres hermanas; su padre falleció en un accidente laboral después de varios años en Bélgica, adonde vino a trabajar antes de traer a su familia. En varias ocasiones han intentado casarla con diferentes chicos de un país que no conoce, hijos de amigos de la familia. Ella, educada en la cultura occidental, nunca aceptó, y estaba dispuesta a fugarse en caso de que hubieran tratado de forzarla. Además, no le faltan pretendientes en su país de adopción y de hecho ha estado enamorada de un chico, con quien mantuvo una relación que terminó al cabo de unos meses. Nora quedó devastada. Ha decidido que su siguiente relación será la buena.

Y justo entonces se presenta su príncipe azul moderno: treinta y cinco años, serio, apuesto, trabajador, un hombre que le está enseñando un oficio, su Pigmalión. Tiene pareja, pero no está casado ni tiene hijos, lo que *a priori* no parece señal de una relación demasiado estable o comprometida. Léon le gusta. Nora ha decidido que él es el elegido, y él no tardará en descubrirlo.

El elegido hace su entrada en la oficina para una jornada de trabajo como otra cualquiera, y enseguida se encuentra atrapado entre el amor a Nathalie y el amor a Nora. No se puede amar a dos personas a la vez. No porque uno sea incapaz, sino porque es una situación insufrible. Pronto, Nathalie descubre el pastel. A Léon le falta experiencia, no sabe que un simple detalle puede levantar sospechas en las mujeres, capaces de detectar a cinco metros un pelo negro en una chaqueta negra si ese pelo no es suyo. Y Léon se lo cuenta todo, poniendo fin a ambas relaciones a la vez, pues, al perderla, se da cuenta de que ama a Nathalie mucho más de lo que pensaba. Sin embargo, al cabo de un tiempo vuelven juntos; Nora cambia de departamento y no vuelven a verse.

No se puede decir precisamente que la aventura reviviera el apetito sexual de Nathalie, más bien al contrario. Sin embargo,

Léon ha aprendido la lección: se acabaron las relaciones extraconyugales, se ha dado cuenta de que no es lo suyo. Sin embargo, quedan las prostitutas. Léon se acerca en coche a la calle en cuestión y aparca bien lejos, no vaya a ser que alguien lo reconozca, solo faltaría. Así que se dispone a hacer a pie su visita a la famosa calle, de una sordidez que se acentúa por la noche a pesar de los neones. El ambiente en este tipo de lugares es siempre peculiar, ya sea en París, en Londres o en Lieja. Los coches pasan muy despacio y van parándose a cada rato, los hombres se cruzan sin saludarse, las chicas de los escaparates sonríen a todo el mundo y llaman con el dedo, se habla de dinero como si se comprara un trozo de carne en la carnicería. Hay chicas hermosas de todas las etnias.

Cuando todavía combinaba mi trabajo como forense con el de médico generalista, tenía varias pacientes prostitutas de otro barrio de Lieja. Una vez me llamó Véronique durante su jornada de trabajo porque tenía tos y fiebre. Me preguntó si podía pasarle consulta a domicilio y le dije que sí. No era la primera vez, y ya tenía la costumbre de atenderla entre cliente y cliente. Véronique era una chica muy guapa de veintitrés años y tenía un éxito increíble. Ese día me quedé esperando frente a su ventana, ya que, al ver las cortinas echadas, entendí que estaba trabajando. Al cabo salió un hombre de más de setenta años en quien el tiempo había causado estragos. Pensé para mis adentros que hace falta valor para dedicarse a algo así. Entré, examiné a Véronique, y ella me pagó la consulta mientras, como siempre, se burlaba de mí señalando lo poco que ganaba yo después de tantos años de estudio en comparación con ella, que no había estudiado nunca y ganaba bastante más. ¡Y qué razón tenía! Justo al salir de su cuchitril pasaba un coche de policía y, como médico forense, los agentes por supuesto me reconocieron; no somos muchos en el gremio.

—¿Qué tal, doctor? ¿Ahora mejor?
—No te equivoques, he venido a atender a la señorita.
—Sí, sí, eso dicen todos. ¡Que tenga buen día, doctor!

Me quedé con cara de tonto mientras Véronique, que había presenciado toda la escena, se moría de la risa. Qué solo puede llegar a sentirse uno...

Léon ha tomado su decisión, pero lo urge una necesidad apremiante y tiene que ponerse a buscar un lugar donde evacuar. Tarea nada fácil en una calle tan concurrida. Localiza, al principio de la calle, una casa que parece abandonada y podría servirle. Al acercarse, advierte que la puerta está abierta y entra. La luz de la calle ilumina el vestíbulo lo suficiente para tener buena visibilidad y también la habitación que queda a la derecha, probablemente el salón, abarrotado hasta tal punto que es imposible acceder. Está al lado de la puerta principal y a salvo de las miradas: el lugar perfecto. Léon se pone en posición, abre la bragueta, aparta el calzoncillo y se dispone a orinar justo cuando un pálido haz de luz de la calle penetra en la pieza y, en el suelo, descubre una cara que lo mira. Sale de la casa chillando aterrorizado con sus atributos al aire y justo se topa con un coche de policía que pasaba por allí. Así es como Léon acaba encontrando al señor Schlitz y pensando de paso que alguien le ha echado una maldición. Lo más seguro es que no vuelva a pasarse por allí.

Así que ahí está el cuerpo, ante nosotros, mirándonos con los globos oculares vacíos y la boca abierta, tendido en el suelo. Está totalmente desnudo, tiene la cabeza apoyada contra un balde y la pierna izquierda colocada encima de otro, apenas visible entre la cantidad de desechos que pueblan la sala. Es increíble que nadie lo haya visto nunca. El cuerpo está momificado.

Dadas las peculiares circunstancias del caso, el juez de instrucción ordena que se haga la autopsia. Mi primera autopsia de una momia. Pido que envíen el cuerpo al IML. Philippe Gilon, por entonces un joven inspector de la policía judicial, se acordará toda la vida. Llamó a una funeraria de la zona para que llevaran al IML el cadáver, que llegó en su coche fúnebre todo acristalado. Sin embargo, al colocar al señor Schlitz en el ataúd, la pierna izquierda, que había estado apoyada en el balde, sobresalía. Solo había que estirarla, me dirán ustedes. Esto es aplicable a todos los cadáveres a excepción de las momias. La momificación es un proceso que se produce por deshidratación de los tejidos. Por tanto, todo el miembro inferior estaba deshidratado y era imposible movilizarlo a no ser que se cortara con una sierra, algo que desde luego el personal de la funeraria no estaba dispuesto a hacer. Así pues, el cuerpo hubo de atravesar toda la ciudad con la rodilla sobresaliendo del ataúd, bien a la vista a través de la ventanilla del coche.

Una vez instalado en mi mesa, comienzo por radiografiarlo en busca de proyectiles o incluso de alguna fractura, si bien no hay perforaciones ni deformaciones visibles. Continúo el examen por la espalda, lo que no me cuesta ningún trabajo porque ya no existe. El cuerpo se encontró tumbado bocarriba, de manera que, al estar en contacto con el suelo, esta zona sí pudo conservar algo de humedad, y todo el revestimiento cutáneo hasta las costillas se ha descompuesto, dejando al descubierto la caja torácica y la columna vertebral.

A continuación, le doy la vuelta al cuerpo y me dispongo a abrirlo. Si quisiera proceder como en una autopsia convencional, en la que se efectúa una incisión mediana para separar los tejidos y plegarlos a uno y otro lado, me haría falta una fuerza inusitada, pues los tejidos momificados se han secado y están duros como piedras: el procedimiento habitual es absolutamente imposible. Por tanto, opto por cortar la piel en bloques. No es fácil, y acabo rompiendo varias hojas de bisturí antes de pensar en usar la sierra para escayola, mucho más eficaz que el escalpelo en estas circunstancias. Consigo abrir el tórax solo para confirmar lo que ya se adivinaba en el examen de la espalda: no queda nada. A continuación, abro el abdomen, donde no encuentro más que un amasijo de tejidos resecos a la altura del hígado y de un riñón. Todo lo demás ha desaparecido, consumido por el efecto de la putrefacción. El mismo espectáculo me espera al abrir la caja craneal; tan solo quedan algunos restos desecados de las meninges.

¿Pero adónde han ido a parar los órganos? Los antiguos egipcios ya sabían que para conservar el cuerpo había que vaciarlo de todos sus órganos, pues estos, debido a su elevada concentración de líquidos, impiden la momificación. Los retiraban y los colocaban en los «vasos canopos». Sacaban incluso el cerebro a través de la nariz fracturando la lámina cribosa del hueso etmoides, lo que daba acceso directo a la caja craneal. Lo licuaban y lo iban extrayendo con ayuda de unos ganchitos. Después, una vez que el cuerpo estaba desprovisto de órganos internos, lo deshidrataban lavándolo con una solución de natrón y terminaban envolviéndolo con vendas de lino.

En definitiva, la autopsia no aporta nada a nivel legal. Podría tratarse de una muerte natural, pero, teniendo en cuenta la descomposición del cuerpo, no puedo ser más preciso. A pesar de que no hallo ningún rastro sospechoso, el grado de descomposición es tal que no es posible verificar causas de muerte como la estrangulación o el envenenamiento.

Falta evaluar el momento de la defunción. En el caso de un cuerpo momificado, la única forma es recurrir al estudio de los insectos cadavéricos, es decir, a la entomología forense. De nuevo, pedimos ayuda al doctor Marcel Leclercq, nuestro entomólogo liejense de fama internacional, quien, rastreando la evolución de los diferentes insectos presentes en el cuerpo, establece que la muerte se remonta a 547 días antes del hallazgo del cadáver, es decir, a un año y 182 días.

Esta será la momia más bonita de toda mi carrera, cuyas fotografías ilustran todavía mi curso de tanatología forense.

A propósito de momias, partamos un segundo de viaje a Palermo, Sicilia, piazza Cappuccini, interior de las Catacombe dei Cappuccini. Al sur de Palermo, a finales del siglo XVI, los monjes capuchinos tuvieron que desocupar su cementerio y, poco a poco, exhumaron los cadáveres de sus hermanos para ir enterrándolos en otro lugar. Cuarenta y cinco de esos cuerpos no se habían descompuesto, sino que estaban momificados. Los capuchinos lo interpretaron como una intervención divina, aunque hoy sabemos que la momificación se debió a que estaban sepultados en tierra calcárea. A veces lamento que todo tenga una explicación tan racional. Se exhibieron los cuerpos momificados y los monjes comenzaron a investigar diferentes técnicas de momificación. Así, consiguieron desarrollar un método que consistía en colocar al difunto en una cámara de desecación donde el cuerpo estaba sobre una rejilla, bajo la cual una corriente de agua favorecía la circulación del aire durante un periodo que podía durar hasta ocho meses. Luego se le hacía un lavado de vinagre al cuerpo y la familia, encargada de los atavíos del difunto, lo vestía. La familia también se encargaba de cambiarle la ropa para la festividad de los muertos. Los nichos y las celdillas donde se dispondrían las momias se vendían con antelación a las personas que quisieran ser exhibidas y no era raro que el futuro difunto se acercara a verificar el lugar donde lo instalarían tras su muerte. El éxito fue tal que tuvieron que ampliar la cripta y los muertos acabaron distribuyéndose por clases, incluso por profesiones. Allí se encuentran la galería de los curas, la de los monjes, la de los profesionales liberales, etc. Hay incluso una galería para las jóvenes muertas vírgenes. Se cuentan no menos de ocho mil cadáveres en total.

Seguramente, para aquellas ocho mil personas era una forma de engañar a la muerte. Ya en el siglo XIX, a pesar de que una nueva ley impidió que continuara esta práctica, aún hubo unos cuantos difuntos momificados más, entre ellos el cuerpo de una niña de dos años fallecida en 1920, que se conserva especialmente bien.

Por lo general, no duden nunca en visitar un monasterio o antiguo convento capuchino. Difícilmente saldrán decepcionados.

MUERTE EN LA GRANJA

¿Quién no ha visto las películas *Hannibal* o *John Rambo*, donde los cerdos atacan y devoran a seres humanos? Se dice que son solo películas, que los directores tienen mucha imaginación, que tergiversan la realidad para que la historia sea más impactante... Y aun así...

—¿Doctor? Parece ser que un granjero ha arrojado a su mujer a los cerdos, ¿qué hacemos?

Por mucho que uno se espere de todo después de tantos años de carrera, hay llamadas que no se olvidan, y esta es una de ellas.

Dos granjeros, a los que llamaremos Jean y Joseph, se encuentran en plena guerra abierta por la linde de unas tierras, una disputa tan cargada de rabia y odio que dejaría mudo a un corso. Jean y Joseph son vecinos y pueden espiarse mutuamente desde sus respectivas colinas, actividad que Joseph practica a menudo, hasta el día en que ve a Jean transportando el cuerpo de una mujer para arrojarlo a la pocilga. Enseguida avisa a la policía, que se persona en el lugar de los hechos.

La policía conoce bien a Jean. En el pasado, ha tenido que tratarlo un psiquiatra debido a sus problemas mentales y ha llegado a mostrar comportamientos amenazantes, incluso agresivos, con personas que paseaban por el campo y que terminaron por denunciarlo. En resumen, Jean no es del todo trigo limpio.

Jeanne, la mujer de Jean, está en paradero desconocido. No conduce. Ni siquiera tiene el carnet, con lo que no ha podido llegar muy lejos en coche. No se ha marchado al extranjero, pues sus documentos de identidad siguen en casa. En la pocilga no se hallan fragmentos del cuerpo ni sangre, ni siquiera un trocito de ropa. Tras una ronda de reconocimiento, los agentes no encuentran huellas de sangre ni de forcejeo en la casa. En definitiva, nada de nada. Si Joseph no hubiera dado la alerta, podríamos haber buscado a Jeanne en vano durante años.

¿Pero dónde está Jeanne? Jean se queda mudo, no profiere más que ruidos guturales de lo más incomprensibles y parece tan desorientado que acabaré mandándolo al hospital en la ambulancia para que permanezca un tiempo en observación psiquiátrica.

Al teléfono, tras describirme una situación que lo deja tan pasmado como a mí, el fiscal adjunto, que jamás se ha visto en semejante circunstancia, me pregunta qué hacer. Sabiendo que suele transcurrir una media de entre una y dos horas desde que la policía entra en conocimiento de los hechos hasta que el ministerio fiscal solicita mi intervención, como en este caso me confirma el fiscal, le digo que hay que sacrificar inmediatamente al cerdo más gordo.

Hay que sacrificarlo para interrumpir la digestión de forma que yo pueda encontrar algo en el estómago, cualquier cosa que me permita al menos hacer la identificación, si no establecer la causa de la muerte. Ya no hay tiempo para llamar a un veterinario que duerma al cerdo y le practique un lavado gástrico para recuperar el contenido del estómago. Y ha de ser el más gordo porque en eso no hay misterio, como suelo decir de forma simple para que todo el mundo lo entienda: «Si estás gordo, es porque te gusta tragar», excepto en caso de enfermedad, por supuesto. Por tanto, en el más gordo es donde hay más probabilidad de encontrar restos y en mayor cantidad.

Como es comprensible, los agentes no están muy entusiasmados con la idea de sacrificar al cerdo, pero cambian rápido de opinión cuando les explico que es eso o hurgar entre los excrementos al día siguiente para buscar dientes o pelo de Jeanne, lo único que los cerdos no pueden digerir. La identificación genética es absolutamente necesaria y aún podría hacerse basándonos en los dientes o el cabello. Pero los agentes están de suerte: uno de sus colegas de la policía local había trabajado antes como matarife y, para alivio de los demás, se ocupa con diligencia de matar al cerdo.

De camino, marco el número de Philippe Schutters, un veterinario que, muchos años más tarde, se seguirá acordando del día en que lo llamé para preguntarle dónde se encuentra el estómago de un cerdo: «En el mismo sitio que el de los humanos», me responde, lo que simplifica mucho las cosas.

Al llegar, una especie de agitación reina en la granja. Los cerdos supervivientes han sido trasladados a otro corral, dejando a su compañero muerto en la pocilga original, convertida en escena del crimen. La científica toma una serie de muestras dentro del cercado y a continuación me da luz verde.

Tras abrir el estómago del cerdo, encuentro numerosos restos, los más grandes de entre tres y cinco centímetros cúbicos. Es imposible determinar si son humanos o no, así que tomo unas muestras para el análisis de ADN. Los fragmentos grandes no son muchos y no podemos saber si la víctima fue arrojada a la pocilga viva o muerta, ni siquiera de qué murió.

La científica inspecciona toda la casa y, al igual que la policía, no encuentra ningún indicio que revele qué ha podido pasar. El caso es un completo misterio y, como esto es la realidad y no una historia de ficción, así seguirá siendo.

Poco después, Jean sale de su letargo gracias al tratamiento psiquiátrico y aclara que encontró a Jeanne muerta y que la arrojó a los cerdos, aunque es incapaz de explicar por qué razón.

Un juez de instrucción solicita mi intervención junto a la de un psiquiatra para que nos familiaricemos con el expediente médico de Jean y tratemos de evaluar la credibilidad de sus declaraciones. Está claro que, en el momento de su admisión en psiquiatría, Jean presentaba un grave trastorno mental diagnosticado como episodio psicótico agudo del que se recuperó poco después, y que podría justificar su peculiar comportamiento.

Pero la duda por supuesto persiste y nuestro informe, redactado con extrema prudencia, no convence a nadie. En concreto, no convence al fiscal ni a la policía.

Al cabo de unos días, el análisis de ADN confirma que los fragmentos encontrados en el estómago del cerdo pertenecen a Jeanne. Y así se cierra el caso, por falta de pruebas, puesto que no puedo determinar cuál es la causa de la muerte, el registro de la granja no revela nada sospechoso, ni siquiera es posible establecer si Jeanne estaba viva cuando la arrojaron a los cerdos, y el comportamiento de Jean puede explicarse por un episodio psicótico agudo del que ahora está curado.

Todo el asunto es muy frustrante, pues al final, aparte de probar que los cerdos devoraron el cuerpo de Jeanne, no averiguamos nada concluyente. Sin embargo, me gusta el carácter tan único y peculiar de esta historia, a pesar del regusto amargo que me deja después de un ejercicio forense que aun llevado al límite de sus capacidades no estuvo a la altura de las preguntas que entonces y todavía hoy siguen sobre la mesa.

¡Pero no vayan a pensar que las agresiones de animales se limitan a los cerdos! Muchos otros saltan a la palestra: jabalíes, perros, gatos o ratas, por citar solo los más habituales. Los jabalíes atacan sobre todo a personas ya muertas, olvidadas en el bosque. Por lo general, se encuentra el esqueleto disperso como un rompecabezas a lo largo de una amplia zona, lo que demuestra que van arrancando pedazos del cuerpo para comérselos tranquilamente en lugares aislados, acaso alejados del resto de sus congéneres. Algunas razas de perro tampoco se quedan atrás, como vemos a menudo en la televisión, ya sea porque atacan a humanos o a otros animales. Una señora de unos sesenta años que estaba cuidando del pitbull de su hijo fue a darle de comer cuando el perro le saltó al cuello y la devoró. La cabeza se encontró separada del cuerpo y faltaba una vértebra cervical cuyo paradero jamás llegó a descubrirse.

También hay perros que pueden sufrir un profundo estrés al morir su dueño, como muestra la siguiente historia. Un hombre fallece acompañado por sus dos dóberman mientras cuida el jardín. Como su ausencia dura ya varias horas y no responde a las llamadas, su esposa comienza a buscarlo. Encuentra el cuerpo inerte junto a la huerta y llama a los servicios de emergencia, que no pueden hacer más que constatar la defunción y… la ausencia de manos. Intrigado por esta cuestión, como mínimo llamativa, el fiscal adjunto me pide que examine el cuerpo y dé con una explicación. Durante el examen, consigo determinar que la doble amputación ha tenido lugar *post mortem* y, como no se me ocurre ninguna razón por la que hubieran podido desaparecer las manos excepto que los perros se las hayan comido, el fiscal llama a un veterinario que al final nos explica que algunas razas de perro reaccionan de ese modo cuando no son capaces de despertar a su amo.

Los gatos también atacan los cadáveres mordisqueando zonas cartilaginosas como las orejas y la nariz. Pero nunca causan mayores estragos y de hecho prefieren morirse de hambre antes que comer carne humana.

Falta hablar de las ratas… Están por todas partes, sobre todo allí donde la actividad humana genera grandes cantidades de residuos, que suponen una extraordinaria reserva de alimento para ellas. Suelen atacar el cuerpo comenzando por el cuello, justo por encima del esternón, para introducirse en la caja torácica.

Un día, mientras examinaba un cuerpo que presentaba ese tipo de orificio, salió una rata huyendo a toda velocidad por mi sala de autopsias, provocando a su paso toda una serie de chillidos, además del desmayo de mi becaria. Nunca conseguimos encontrarla y, por si acaso, hubo que poner matarratas por todo el edificio. No me habría hecho mucha gracia que acabara tomándola con los demás cuerpos que teníamos a nuestro cargo.

EL HOMBRE QUE QUERÍA MORIR

Florent ha decido poner fin a su vida. No se trata de un berrinche ni una ventolera. Lo ha reflexionado mucho, está pensado y sopesado. Tiene más de sesenta años, su carrera terminó hace dos tras una reestructuración en la empresa, los niños ya son mayores y, después de treinta años de matrimonio, el amor hace tiempo que se convirtió en rutina. Sin metas ni objetivos, le da la impresión de que su vida está acabada. Ha tenido todo lo que siempre quiso: esposa, casa, hijos y un trabajo que le gustaba, y ahora, nada. En su implacable lógica de ingeniero, por tanto, se acabó.

Día 7. Sus seres queridos, que han visto cómo Florent se iba hundiendo en el hastío, tienen la sensación de que está mejor, sin que nadie sepa por qué. En realidad, Florent está mejor porque ha tomado una decisión. Se acerca al ayuntamiento para ofrecerse como donante de órganos. La señora de la recepción lo felicita y le desea que no ocurra «hasta dentro de muchos años, señor». Florent sabe el día e incluso la hora, pero se cuida mucho de decírselo.

Día 6. A continuación, va al notario para hacer testamento. Se lo deja todo a su esposa Paulette. Aunque ya no está enamorado, Paulette se ha convertido en su amiga, su compañera de vida, y desea que todo pase a manos de ella.

Día 5. Va a la funeraria, donde elige el ataúd, uno bonito de madera blanca sin florituras y sobre todo sin cruz: es un ateo convencido. Paga el ataúd y deja también pagado el entierro.

Día 4. Acude al médico de cabecera. ¿Para qué preocuparse por la salud cuando uno sabe que va a morir esa misma semana? Buena pregunta. Pero la cita ya estaba ahí desde hacía mucho, una consulta rutinaria de control del corazón. A Florent le colocaron un marcapasos hace unos años porque, en vez de contraerse, las aurículas sufrían una fibrilación que amenazaba con formar coágulos de sangre y acabar provocando un ictus o una embolia pulmonar.

Su médico lo conoce desde hace treinta años. De hecho, él fue uno de sus primeros pacientes. No lo ve muy a menudo porque Florent siempre ha gozado de buena salud, salvo por ese problemilla cardiaco. En la sala de espera, Florent atisba un pequeño cartel que dice: ¿ESTÁ PENSANDO EN EL SUICIDIO? HABLE CON SU MÉDICO. Espera pacientemente su turno. Todo el mundo sabe que los médicos suelen ir con retraso y, con el doctor Paul, el paciente debe serlo en sentido literal. Florent no se queja; al menos aún tiene a su médico de cabecera en un momento en el que cada vez escasean más, desde que el gobierno decidió restringir el acceso a la profesión, acaso pensando que al limitar el número de médicos reducirían el número de enfermos. Es tan estúpido como pensar que reduciendo el número de enterradores se reducirá el número de muertos. Este tipo de decisiones absurdas ha terminado de convencer a Florent de que no sirve de nada votar a semejante panda de imbéciles, que sacrifican la salud de la gente en beneficio del Estado, cuando debería ser justo al revés.

El doctor Paul por fin lo hace pasar a consulta. Florent se desviste y, como de costumbre, el médico comienza a auscultarlo.

—¿Qué tal? ¿Todo bien?

—Sí, sí, doctor, todo bien.

—¿Y los pensamientos negativos?

—Mucho mejor desde que me puso la medicación.

Florent empezó a tomarla, pero la dejó enseguida porque le hacía sentir muy débil, aunque nunca se lo dijo al doctor Paul.

—Doctor, el martes le llamarán por algo mío hacia las ocho de la mañana; antes no, me parece.

—¿Ah, sí? Qué amable avisándome, pero ¿por qué me tiene que llamar?

—No, no le llamaré yo, sino mi esposa, ya verá.

—¿Nada grave?

—Nada vital.

El médico no insiste, tiene que ver a más pacientes y, conociendo a Florent, no va a sacarle mucho más.

—Bueno, pues hasta el martes entonces.

—Sí, doctor, eso es. Hasta el martes.

Día 2. Como cada domingo, Paulette ha juntado a toda la familia. Se alegra de que Florent esté tan sonriente, hacía mucho que no pasaba. Está jugando con sus cuatro nietos, que lo llaman «yayo», y todo va bien. Al despedirse, los nenes no lo saben, pero Florent les dice adiós con un fuerte abrazo.

Hoy. Suena el teléfono a las nueve y media de la mañana durante mi guardia.

—¿Doctor? Tenemos un muerto un poco fuera de lo común. Me gustaría que se acercara a verlo.

Enseguida salgo a la carretera. No tardo mucho, unos veinte minutos. Al llegar a la calle, busco como siempre el coche de policía. Aparco y voy de camino a la puerta principal cuando un agente me interrumpe, se presenta y me conduce hacia el garaje, donde se encuentra el cuerpo de Florent. Nunca he visto un garaje más limpio. Ni una sola mancha en el suelo de hormigón pulido. Cada herramienta bien colocada en su estante, señalado con un dibujo de la herramienta en la pared. Pienso para mis adentros que debió de ser un hombre muy organizado, seguramente un poco de mente rígida.

El cuerpo de Florent está tendido en el suelo sobre una manta, con los brazos extendidos a lo largo del cuerpo. Su mujer lo descubrió en esa posición, no ha tocado nada. Paulette declara que Florent se levantó hacia las cinco para ir al baño, como siempre. La próstata comenzaba a darle problemas, por lo que evitaba beber demasiado por la noche. Paulette se quedó dormida otra vez y al despertar le extrañó que Florent no hubiera vuelto a la cama. Se puso a buscarlo y a llamarlo sin obtener respuesta. El coche seguía allí, delante del garaje, donde lo había dejado la noche anterior en lugar de meterlo dentro, y también estaba su abrigo con los documentos de identidad. Por tanto, no se había ido; debía de seguir en casa. Paulette continuó buscándolo, cada vez más preocupada. ¿Qué podía haberle pasado para no contestar? Al entrar en el garaje, que también utilizaba como taller para hacer bricolaje y guardar sus herramientas, lo encontró inconsciente. Paulette llamó corriendo al doctor Paul. Era martes, a las ocho y diez.

El doctor Paul llegó y, sin tocar demasiado el cuerpo, constató enseguida que Florent había muerto, seguramente hacía varias horas. En ese momento comprendió la conversación que habían tenido cuatro días antes, cuyo sentido por desgracia le había sido imposible adivinar. Y, aunque lo hubiera adivinado, ¿qué habría podido cambiar? Cuando uno está tan decidido a hacer algo, nada puede apartarlo de su objetivo. El doctor Paul redactó el certificado de defunción y llamó a la policía, ya que a todas luces se trataba de un suicidio. Se quedó con Paulette para acompañarla.

Junto al cuerpo, hay unos cuantos papeles ordenados: una

copia del testamento que dejó en el notario, el documento que autoriza la donación de órganos y el contrato que firmó hace cinco días con la funeraria. Está todo bien organizado, no hace falta ponerse a rebuscar.

Paulette no entiende nada. Estaba mejor desde hacía una semana, había vuelto a sonreír. El doctor Paul le explica que es algo habitual antes de un suicidio: cuando una persona decide terminar con su vida, se encuentra mejor porque al fin ha sido capaz de tomar una decisión; ha elegido la muerte.

Todo se va aclarando para Paulette: su manera tan tierna de despedirse de los hijos y los nietos y su cambio de humor, aproximadamente una semana antes, que a ella le había alegrado tanto, eran el anuncio del fin. Como siempre en estas situaciones, uno se mortifica por no haberse dado cuenta, por no haberse enterado de nada. Paulette se siente culpable. Pero ¿cómo podría haberlo adivinado? Nadie notó nada raro. Florent tiene la culpa; le duele que haya decidido imponerle tanto sufrimiento.

Junto al cuerpo, hay también un botiquín de emergencia abierto, unos alicates de corte, una jeringuilla con la aguja vacía y un cúter. Los alicates no presentan ninguna particularidad, pero el cúter, en cambio, muestra huellas de sangre y líquido graso como las que se quedan en los escalpelos durante la autopsia después de haber cortado la piel.

Florent lleva zapatillas de andar por casa y un pantalón de pijama. La parte de arriba está doblada a su lado. Tiene el torso desnudo. Como de costumbre, comienzo mi examen por la cabeza, donde encuentro síntomas comunes de asfixia como la cianosis, una coloración azulada en la cara consecuencia del exceso de CO_2 en sangre, o las petequias en los párpados, esos puntitos rojos que aparecen cuando la sangre, incapaz de regresar al corazón, se acumula en exceso y, por presión, rompe algunas venillas.

En la zona del cuello, identifico las marcas de una ligadura que sin embargo no está ni allí ni en los alrededores del cuerpo. La policía emprende la búsqueda e interroga a Paulette, que recuerda habérsela quitado a Florent en un acto reflejo. La dejó sobre su mesa de trabajo. Se trata en realidad de una banda de goma de las que se utilizan para sacar sangre colocándola alrededor del brazo. Proviene del botiquín situado al lado de Florent, que ya estaba ahí cuando Paulette encontró el cuerpo, es decir, no lo trajeron ni ella ni el doctor Paul.

A la altura del tórax, descubro una herida de unos cinco centímetros que permite entrever el cable del marcapasos. La herida la ha producido un elemento cortante como, por ejemplo, el cúter hallado junto al cuerpo, lo que explicaría también que tenga la hoja manchada. No cabe duda de que alguien estuvo «toqueteando» el cable, ya que presenta marcas de sección parcial. Han intentado cortarlo, sin conseguirlo.

Cuando examino los miembros superiores, encuentro la huella de una inyección en la fosa cubital de la articulación del codo izquierdo, donde hay una pequeña inflamación que, sin lugar a dudas, no es un hematoma. Al palparla, noto que crepita: es aire. Hay aire debajo de la piel. Algo así solo ha podido suceder al inyectar una jeringuilla llena de aire.

El cuerpo no presenta más lesiones, así que ya puedo lanzarme a interpretar lo que ha pasado con la información que tengo. Creo que, en un primer momento, Florent trató de cortar el cable del marcapasos para que lo matara un fallo cardiaco. Desde luego, vale como idea, pero la verdad es que, si la función del marcapasos era combatir la fibrilación auricular, podrían haber pasado meses, incluso años, antes de que un coágulo acabara provocando un ictus que, además, no tendría por qué haber sido mortal. Para ser franco, era una mala idea, y más si tenemos en cuenta que los cables de un marcapasos son tan resistentes que haría falta una fuerza tremenda para cortarlos, incluso con unos alicates de corte. En todo caso, no lo consiguió y renunció al plan inicial.

Después, trató de inyectarse aire en las venas con el fin de provocarse una embolia gaseosa. Para ello, interrumpió el retorno venoso en el antebrazo con ayuda del torniquete de su botiquín de emergencia, llenó la jeringuilla con aire ambiental, colocó la aguja en la jeringuilla y luego intentó dar con alguna vena de la fosa cubital para pinchar todo el contenido de la jeringa. Lamentablemente, no llegó a encontrar la vena y acabó inyectándose aire bajo la piel, creando lo que llamamos un enfisema subcutáneo, que es lo que yo noté al palparle esa zona. De todas formas, de haber conseguido inyectar aire en la vena, tampoco habría muerto, pues una jeringuilla de cinco centímetros cúbicos es mucho más pequeña de lo necesario para producir una embolia masiva que desencadene la muerte.

Al final, por pura desesperación, acabó colocándose la cinta de goma en el cuello y anudándola para ejercer presión. De este modo, generó una asfixia por estrangulamiento que causó tanto la cianosis como las petequias que detecté.

No cabe duda de que Florent estaba totalmente decidido a morir.

—¿Doctor? ¿Podría ir a la calle... para examinar el cuerpo de la señora...? Se ha ahorcado, pero hay unas marcas extrañas.

En pocas palabras, eso quiere decir que el médico generalista al que han llamado no tiene muy claro lo que está viendo. Y hace bien en no precipitarse. Cuando uno no sabe, es mejor decirlo, no hay por qué avergonzarse y de hecho es lo más inteligente.

Ya empiezo a acostumbrarme a visitar el barrio donde vive

la familia de esta difunta, pues es el tercer miembro que se suicida en tres semanas. A este ritmo, pronto no quedará nadie.

Como siempre, localizo el coche de policía, aparco, y un agente se acerca a ver quién soy. La verdad es que entre las fuerzas del orden de la zona, todo el mundo conoce mi vehículo, pero cuando se me acaba el *leasing* cada cuatro años y aparezco con uno nuevo, se despistan.

—¿Es usted, doctor?

—Sí, sí, no se preocupe, solo he cambiado de coche.

—Ah, qué susto.

¿Qué susto por qué? Tendría que haber preguntado.

El agente me cuenta cómo han descubierto el cuerpo. Siempre es un poco lo mismo: una persona no contesta a las llamadas y alguien se preocupa y avisa a la policía, que entra en la casa, la registra y encuentra el cuerpo. En el caso de Martine, ha sido en el sótano, colgado de una toma del techo y en suspensión incompleta, ya que ambos pies están tocando el suelo. Los pies se encuentran sobre un trapo que aún conserva cierta humedad. Muy cerca, dos cables eléctricos pelados cuelgan en el aire.

Martine lleva una blusa blanca que muestra manchas de sangre en la zona anterior izquierda, donde se encuentra el corazón. El resto de la ropa no presenta ningún desperfecto. Como siempre, aprovecho la posición para desnudar el cuerpo y luego lo descuelgo con toda la delicadeza de la que soy capaz. Ya abajo, termino de desvestirlo quitándole la blusa.

Como en el caso de Florent, el examen revela cianosis y petequias por idénticas razones, y la cuerda ha dejado una buena traza en el cuello, un surco típico de los ahorcamientos, que parte oblicuamente hacia atrás y se interrumpe en la nuca. Todo muy normal.

El resto del examen muestra unas lesiones peculiares de abrasión, cinco en total, de dos a siete centímetros de largo en forma de arcos circulares, a la altura de la zona cardiaca, además de dos orificios de seis milímetros de diámetro en la parte anterior izquierda del tórax.

Se trata de algo tan peculiar que exige una autopsia para confirmar internamente la asfixia que sugieren la cianosis y las petequias. Observo a continuación más de cerca los dos orificios de seis milímetros. No son heridas limpias; presentan un anillo dehiscente rodeado de lo que parece ser un collarete erosivo muy ensangrentado, como nunca antes había visto. Perforan la piel, penetran en los músculos de la pared torácica y, mientras que uno de ellos termina al entrar en contacto con una costilla, que solo está raspada, el otro se introduce hasta un espacio intercostal perforando y desgarrando el lóbulo inferior del pulmón izquierdo. La cavidad pleural está prácticamente seca y no ha habido hemorragias importantes, aunque presenta un neumotórax, también de escasa importancia. Sin duda, el aire ha penetrado hasta cierto punto por el orificio que llega hasta la cavidad pleural, pero, en todo caso, no lo suficiente para justificar una defunción. La asfixia sigue siendo la única causa que puede explicar la muerte. Y, para los orificios, no tengo explicación. No pueden haberse producido por proyectil ni por ningún objeto perforador clásico, pues no producen este tipo de lesiones. De momento, hasta aquí puedo llegar.

Advierto también en la palma de las manos unas pequeñas quemaduras rectilíneas que en principio no me dicen nada, así que tomo unas muestras para observarlas al microscopio. Doy por concluida la autopsia, pero se siguen planteando un par de preguntas: a qué se deben las dos marcas de perforación torácica y cómo han podido producirse las quemaduras de las manos.

Ese mismo día, obtengo mi primera respuesta. Mientras hago la autopsia, los policías registran la casa de Martine y les sorprende hallar una caja de brocas para taladro en el armario de la ropa, un lugar bastante inusual para las herramientas. Abren la caja y descubren que una de las brocas tiene huellas de sangre.

Jamás se me habría ocurrido. Martine se taladró el tórax, seguramente tratando de alcanzar el corazón, pero sin éxito. Además de confundirse de altura, lo más probable es que la perforación le provocara tanto dolor, sobre todo cuando la broca tocó la costilla, que tuviera que parar. Por otro lado, el taladro entró en contacto con la piel hasta cinco veces sin traspasarla, dejando unas huellas que nunca antes había visto y que nunca más volveré a ver. Casi más increíble es que luego se acordara de volver a colocar el taladro y las brocas en su sitio.

La segunda respuesta me salta a los ojos en cuanto los pongo en el microscopio. Las células cutáneas de las que tomé la muestra presentan un aspecto típico de electrocución. Me vienen a la mente esos pequeños detalles que fui registrando sin imaginar en un principio sus implicaciones. En primer lugar están los dos cables eléctricos pelados que se encontraron junto al cuerpo y luego el paño húmedo bajo los pies. Martine intentó electrocutarse con los pies desnudos sobre el paño y los cables en las manos. Por lo que se ve, no surtió efecto y seguramente saltaron los plomos, sin más.

¿En qué orden tuvieron lugar estos acontecimientos? Ni idea. Lo que está claro es que el ahorcamiento fue lo último, para eso no hace falta ser forense.

La imaginación humana apenas conoce límites. De entre los casos que me han tocado en suerte, voy a contar tres más que son realmente extraordinarios.

Un joven de veinte años, estudiante de física, ideó todo un sistema por el que, colgado de una viga del salón, con unos cables pelados atados alrededor de las muñecas y sosteniendo un interruptor en la mano, presionó este para dar paso a la corriente eléctrica, con lo que se electrocutó, quedó inconsciente y se ahorcó. Cabe precisar que previamente había manipulado el sistema eléctrico para que no saltaran los plomos.

Algo similar sucedió con otro chico que estudiaba para electricista y combinó ahorcamiento y electrocución a través de un ingenioso sistema que consistía en separar los hilos de un cable eléctrico y conectar cada uno a una placa metálica diferente. Luego se colocó las placas por delante y por detrás, una en la parte delantera del cuerpo, a la altura del corazón, y la otra en la espalda. Cuando abrió el paso de la corriente eléctrica, creó una descarga eléctrica que tuvo un efecto negativo sobre la actividad eléctrica cardiaca y se ahorcó.

El tercero es también completamente extraordinario. Se trataba de un joven que por desgracia sufría una grave enfermedad mental y había decidido acabar con su vida, pero quería que la muerte lo sorprendiera en la cama. Además de saber de electricidad, se le ocurrió pensar en las erecciones nocturnas que tienen los hombres, y así fabricó un ingeniosísimo mecanismo que se instaló en el pene y permitió que, mientras dormía, una erección activara la corriente eléctrica y lo electrocutara.

Como les decía: la imaginación humana no conoce límites.

EL AHORCADO QUE NO SE AHORCÓ

En 1897 el eminente sociólogo Émile Durkheim escribía en su obra *El suicidio* que «toda sociedad produce su cuota anual de suicidios». Y tenía razón. Año tras año, el número de suicidios apenas varía, igual que las formas de suicidarse. El ahorcamiento es la forma más común en el caso de los hombres, mientras que las mujeres parecen especializarse en la toma de fármacos.

Todo médico forense está acostumbrado a ver suicidios, es el pan nuestro de cada día. Y es importante acostumbrarse, pues cuantos más vemos, mejor podemos distinguir los asesinatos disfrazados de suicidios, a veces hasta en los más mínimos detalles.

Philippe y Nathalie llevan varios años casados y, según sus vecinos, viven en la más inmaculada e imperturbable felicidad. Tienen una casita al borde del canal por el que día tras día pasan gabarras y otras embarcaciones. A Philippe le encantan estas vistas, lo relajan y lo entretienen. Cuando se queda mirando los barcos, se siente un poco como una vaca mirando pasar un tren, pero no le importa, le gusta. Philippe trabaja en la sección de gestión de reclamaciones del transporte público. Se pasa todo el día lidiando con personas que se quejan: mi abono ha dejado de funcionar; el conductor del autobús ha sido muy desagradable, frenó bruscamente y me caí, etc. Por eso los barcos lo relajan después de semejantes jornadas de trabajo.

Nathalie no está en casa, y ya van unas cuantas veces que, cuando Philippe llega, ella no está. Es cierto que hoy ha vuelto más temprano; está recuperando algunas horas extras. Como el jefe no quiere pagárselas, Philippe se resarce trabajando menos. La casa está limpia y el frigorífico lleno, Nathalie ya ha hecho la compra. Nathalie es contable, trabaja para una pequeña empresa que ha crecido demasiado deprisa. Víctima de su propio éxito, la compañía permite el teletrabajo unos cuantos días a la semana, ya que no hay suficiente espacio en las oficinas y de momento no se ha previsto invertir en una ampliación. El jefe está esperando a comprobar primero si su éxito no se desploma como un castillo de naipes.

Cuando llega Nathalie, le sorprende encontrar a Philippe ya instalado en la terraza mirando los barcos, con una copa de vino tinto en la mano, como todos los días. Se ha puesto guapa. Cosa curiosa para trabajar desde casa, pero bueno, es una mujer coqueta y a Philippe eso le gusta. Desde la terraza, Philippe ve a los vecinos entrando en casa, les hace un gesto y se saludan. Es la última vez que los vecinos ven a Philippe con vida.

Ahora Philippe está muerto. Nathalie lo encontró al despertar por la mañana y avisó corriendo a los servicios de emergencia, que constataron que su cuerpo estaba rígido y presentaba todos los síntomas de la muerte. Siguiendo el protocolo, no tocaron nada y lo dejaron colgado.

Desde el momento en que ya no se puede hacer nada por la víctima, lo fundamental es abstenerse de cualquier acción. ¿Cuántas veces habré visto una escena del crimen arruinada por los servicios de emergencia? No me malinterpreten, no tengo ningún problema con los cuidados médicos de urgencia que debe recibir una persona viva o con posibilidad de ser reanimada, pero ¿de qué sirve quitarle la ropa y enchufarle los electrodos a una víctima de un tiro de caza a la que le ha salido volando el cerebro a más de dos metros? Nadie vive sin cerebro. Visto lo visto, parece ser que no todo el mundo lo tiene claro.

O también está la vez en que, en una escena del crimen por arma de fuego, a un sanitario no se le ocurrió nada mejor que ponerse a recoger todos los casquillos de bala con aquellas manazas suyas llenas de dedos. Fue un auténtico desastre, tanto por las huellas dactilares que hubiéramos podido hallar en los casquillos como por la posición del tirador que acaso se hubiera podido deducir del modo en que estaban distribuidos en el suelo.

—¿Doctor? Tengo un ahorcado para usted. Nada especial, ya sabe, pero, para mayor tranquilidad, me gustaría que se acercara a verlo.

Y no solo para mayor tranquilidad, pues en aquella época había una directiva de la fiscalía que exigía que un forense examinara todos los suicidios, aunque no tuvieran nada de especial. La verdad es que los forenses vemos muchos suicidios «porque sí», pero en realidad nunca es porque sí. El examen persigue una doble finalidad: por un lado, impedir que un asesinato pase desapercibido, y por otro, consolar un poco a los más allegados en cuanto a la causa de la muerte. Es muy normal que los seres queridos no sean capaces de aceptar que un familiar se haya suicidado. Ahí estamos nosotros para aportar algo de consuelo.

Al llegar al lugar de los hechos, contemplo la magnífica vista sobre el canal bordeado de árboles. Luego doy con la casa, que tiene un aspecto muy cuidado, y bajo al sótano, donde está el cuerpo de Philippe. Philippe se encuentra en ahorcadura incompleta, es decir, que parte del cuerpo toca el suelo o algún otro punto de apoyo. En su caso, tiene los pies en el suelo y las rodillas flexionadas.

La ahorcadura incompleta se presenta en el 90 por ciento de los casos de suicidio. Para la mayoría de la gente es algo incomprensible. Siempre hay un instinto de supervivencia. Cuando uno ve que se está muriendo, no tiene más que apoyar los pies y está salvado. Es cierto, pero no del todo. Las diferentes regiones cerebrales paulatinamente dejan de funcionar cuando se les priva de oxígeno como consecuencia de la parada circulatoria que provoca la presión de la cuerda en el cuello y, por tanto, en las arterias carótidas, que llevan la sangre desde la aorta hasta el cerebro. De modo que una persona puede seguir consciente a la vez que ya no es capaz de moverse. Es un momento que dura muy poco, pero basta con haber esperado hasta entonces para que la vuelta atrás sea imposible.

En el IML, tenemos una cinta de vídeo —para los más jóvenes, el ancestro del DVD— en la que aparece un hombre ahorcándose. Se trata de un ahorcamiento erótico, una fantasía que asocia el placer sexual a la asfixia. Nuestro hombre, no contento con eso, se graba además llevando unas bragas de mujer en las que va introduciendo rosas con espinas. En la caravana del fondo del jardín de su vivienda donde llevaba a cabo sus fantasías, se encontraron múltiples cintas con escenas similares de asfixia erótica. Solo que esa vez, la cosa salió mal y se ahorcó. En realidad, había colocado la cuerda entre la butaca donde estaba sentado y un tabique de la caravana, y se había ido deslizando poco a poco para aumentar la presión en el cuello. En un momento dado, en el vídeo se ve que ha llegado demasiado lejos. Ya no puede levantarse y aparece el pánico en sus ojos. Ya le es imposible moverse. Muere en directo, en ahorcadura incompleta, mientras se graba en vídeo.

Eso es lo que sucede también en la mayoría de los casos de suicidio: llegan demasiado lejos y, aunque se apoderen de ellos las ganas de sobrevivir, ya no pueden dar marcha atrás. Esta forma de quitarse la vida se conoce desde hace mucho tiempo. Por ejemplo, Paul Brouardel (1837-1906), eminente médico forense francés, la recoge ya en 1897 en su obra sobre el ahorcamiento, donde describe con dibujos toda clase de posiciones estrafalarias de ahorcadura incompleta. Estas personas mueren por anoxia cerebral, es decir, por falta de oxígeno en el cerebro.

Así es como me encuentro a Philippe. Tras examinar el cuerpo en esta posición, lo desvisto. Siempre es más sencillo hacerlo cuando están colgados que cuando están tendidos en el suelo. Lo observo sin encontrar nada sospechoso. Presenta todos los indicios para concluir sin lugar a dudas que la defunción se ha producido por asfixia: cianosis y petequias.

La cianosis es una coloración azulada del rostro y la parte superior del tórax que revela un exceso de CO_2 en la sangre, algo que sucede cuando el cuerpo se ve privado de oxígeno, como en el caso del ahorcamiento, mientras que las petequias son unos pequeños puntos rojos que aparecen sobre todo a la altura de los ojos y las conjuntivas, y que revelan un aumento de la presión venosa capaz de reventar todas las venillas en esas zonas donde los vasos sanguíneos son menos resistentes. Las petequias también aparecen en personas vivas cuando realizan esfuerzos para vomitar, para defecar en caso de estreñimiento, para empujar durante el parto, o en los niños cuando tienen ataques de nervios o de llanto. Por tanto, no se trata de un síntoma inconfundible de ahorcamiento, aunque, a pesar de no ser específico, sí contribuye al diagnóstico.

Lo descuelgo para tenderlo en el suelo. El momento de cortar la cuerda es delicado, ya que al soltar el cuerpo hay que sujetarlo bien para evitar que aparezcan más lesiones provocadas por la caída. No es tarea fácil, pues Philippe es un hombretón de metro ochenta con un peso de ciento treinta kilos. Luego retiro la cuerda y las prendas de la parte superior del cuerpo, que no había podido quitarle hasta ahora a causa de la cuerda. Este es el momento más importante del examen, en el que evalúo la marca del lazo, el surco de ahorcadura.

Normalmente, los surcos de ahorcadura discurren oblicuamente hacia arriba y hacia atrás, pues existen muy pocos ahorcamientos en horizontal y además son siempre incompletos, es decir, que la cuerda produce un asa de cubo que se hunde en las partes anterior y lateral del cuello sin alcanzar la región de la nuca.

Ese es el caso de Philippe, y todas las lesiones que presenta son vitales, es decir, se han producido en vida de la víctima. Esto quiere decir que Philippe estaba vivito y coleando en el momento del ahorcamiento. Pero hay un problema: en las zonas laterales del cuello el surco es bastante más ancho que la cuerda, como si esta se hubiera deslizado de abajo arriba, algo que solo había visto antes en ahorcadura completa, nunca en ahorcadura incompleta.

Las ahorcaduras completas, en las que los pies no tocan el suelo, no son muy comunes, ya que constituyen menos del 10 por ciento de los casos que investigamos. Estas personas pueden morir también por fractura de la columna vertebral y sección/compresión de la médula espinal. La médula espinal, nexo principal entre el cerebro y el resto del organismo, está contenida en la columna vertebral. Al romper ese nexo, deja de llegar la información a diferentes zonas del cuerpo, según el lugar donde se haya producido la lesión. Por ejemplo, una sección en la zona lumbar conduce a la paraplejia, es decir, la pérdida de movilidad en las cuatro extremidades. Si la columna sufre una sección en la parte superior, la muerte es instantánea.

Por eso los anglosajones utilizaban la horca para impartir justicia. Al condenado se lo situaba sobre una trampilla con una cuerda alrededor del cuello y un peso atado a los pies. Cuando la trampilla se abría, la cuerda se tensaba y, al añadirse el peso de carga al del cuerpo, se provocaba una fractura limpia de la columna y la médula, con la consiguiente muerte inmediata. Pero en el caso de Philippe no se trata de una ahorcadura completa, eso está claro. Así que hay que encontrar otro motivo.

La cuerda está amarrada a una tubería para la calefacción de gran diámetro, recubierta de yeso y amianto para limitar la pérdida de calor. Al examinar la tubería, advierto que el revestimiento de yeso ha desaparecido hasta cierta profundidad. No se ha comprimido, como se observa a menudo, sino que está arrancado, simplemente no está. Cuando inspecciono la cuerda encuentro adheridos restos de yeso que cubren buena parte de su longitud. A Philippe lo han alzado. Le ataron una cuerda al cuello y la pasaron alrededor de la tubería, tirando de ella hasta dejarlo en ahorcadura incompleta. Con esta hipótesis, se explica por qué es tan ancho el surco en los laterales del cuello: se debe a la rozadura de la cuerda que se fue deslizando por el cuello mientras lo alzaban, una explicación que vale también para el yeso de la tubería de calefacción, donde la cuerda habría ejercido un roce muy considerable, teniendo en cuenta el peso de Philippe. Por tanto, me encuentro ante un asesinato del que, dadas las circunstancias, la principal sospechosa es Nathalie. Con la salvedad de que Nathalie pesa sesenta kilos mientras que Philippe pesa ciento treinta. Es imposible que lo alzara ella sola, alguien debió de ayudarla.

Alertado por mí, el fiscal remite el caso al juez de instrucción y a la policía judicial y todos se presentan en menos de una hora. Nathalie comprende que las cosas no van según lo planeado antes de que lleguen, pues, tras mis comprobaciones, el ambiente está tenso y la policía ha dejado de mostrarse tan amable con ella. Además, no es normal que el jefe de los agentes, que se fue sin esperarme tras despedirse de ella, acabe de regresar.

Mientras esperamos la llegada de toda la tropa, examino el nudo. Cuando cortamos la cuerda para descolgar a la víctima, siempre lo hacemos lejos del nudo para conservarlo bien. Y este nudo, de hecho, es muy especial; nunca había visto uno parecido. Siempre se me han dado fatal los nudos. Eran mi peor pesadilla en los scouts, y siempre me irritaron esos truquitos mnemotécnicos de entrar al pozo, salir del pozo, etc.

Con el permiso del juez, le envío una foto por WhatsApp a un amigo aficionado a la navegación que entiende de nudos. Me responde enseguida que se trata de un nudo cuyo nombre he olvidado y que se utiliza en embarcaciones fluviales. Sin embargo, Philippe no navegaba. Le gustaba ver pasar los barcos, cierto, pero no tenía ninguna experiencia con ellos. No parece muy razonable, por tanto, que fuera capaz de hacer un nudo como este.

La autopsia confirma que Philippe estaba vivo cuando lo ahorcaron y muestra que en el momento de los hechos acababa de comer, pues el bolo alimenticio está todavía en el estómago, tan poco digerido que podría detallarse su último menú sin miedo a equivocarse. Además, la autopsia indica que no sufrió otras agresiones, es decir, que nadie lo golpeó con el fin de ahorcarlo, aunque no cabe duda de que estaba inconsciente cuando lo hicieron, puesto que tuvieron que alzarlo. La única solución posible es que estuviera dormido. Envío al laboratorio de toxicología muestras de sangre, de orina, del hígado, del riñón y del contenido del estómago para su análisis. En la sala de autopsias, analizo la orina con una técnica inmunoenzimática que permite detectar si hay presencia de benzodiacepinas, de efecto somnífero, aunque no en qué cantidad. Para ello, hay que esperar al informe de toxicología, que confirma la presencia de un somnífero, Lormetazepam, en cantidades más que suficientes para dormir a un hombre del peso de Philippe. Se encuentra dentro del contenido estomacal, con lo que es fácil concluir que Philippe ingirió la benzodiacepina con la comida.

Así que, sin esperar los resultados de la investigación, puedo deducir que a Philippe lo durmieron con benzodiacepina en la comida y que lo transportaron sin hacerle daño hasta el sótano, donde le colocaron una cuerda alrededor del cuello a la manera de un asa de cubo que después pasaron por encima de la tubería para la calefacción con el fin de alzarlo, lo que dejó marcas de rozamiento tanto en la tubería como en su cuello. Dadas las circunstancias, Nathalie ha participado forzosamente en el asesinato, pero debe de haber tenido ayuda de otra persona para transportar y alzar el cuerpo de Philippe, alguien que sabe de embarcaciones fluviales. Y ahí está el canal, justo delante, con sus gabarras…

La investigación no tarda en sacar a la luz que Nathalie tiene un amante, patrón de barco, que la ayudó a deshacerse de su marido. Un móvil típico, banal, que se lleva la palma junto al móvil económico. El sexo y el dinero mueven el mundo, como suele decirse sin que nadie sepa muy bien desde cuándo, porque siempre ha sido así.

Philippe no es el único caso de este tipo, pero para descubrirlos hace falta tener los medios necesarios y no restringir la acción del forense solo a los escenarios abiertamente sospechosos. Sin la intervención de un forense, le habrían dado carpetazo a este asunto enseguida.

He visto ahorcados de toda clase. Están los que se cuelgan para mandar un mensaje, como el joven que se ahorcó vestido de mujer en el balcón de su habitación, que daba a la calle. Al quedar a la vista de los viandantes hacía público que su familia quería que ocultara su verdadera identidad, que se rechazara a sí mismo. Lo habían obligado incluso a acudir a terapia psicológica pensando que estaba loco, decididos a negarle el derecho a ser diferente.

También está el caso de un joven que se ahorcó en la vivienda que acababa de comprar junto a su futura esposa. Sabía a qué hora volvía ella a casa y había dejado la cena preparada. La mesa estaba puesta y la comida terminando de hacerse cuando ella llegó. Lo encontró colgado del tragaluz, justo al lado de la mesa. El mensaje no estaba muy claro para nosotros, pero no cabe duda de que sí lo estuvo para ella.

Todos los días se suicidan personas infelices con la vida que les ha tocado vivir. Entre ellos, están los organizados, que han previsto hasta el último detalle. Colocan los documentos sobre la mesa: el testamento, los papeles de la casa, el contrato funerario ya pagado. Nunca deja de sorprender semejante determinación. Sé de uno que hasta se dejó flores enviadas para asegurarse de que su tumba estuviera bonita.

Están los que se disculpan por el dolor que causan a sus seres queridos, pero que piensan que la vida es imposible para ellos, que les genera demasiado sufrimiento.

También están las crisis de ansiedad y los ataques de pánico en los que la persona no quiere más que quitarse de en medio enseguida. Estos se suicidan de forma repentina, brutal y poco preparada, sin mensaje; a veces al despertarse en mitad de la noche; a menudo por arma de fuego, ahorcamiento o defenestración.

Y están también los torpes. Como un hombre que había planeado morir a la vez ahorcado y de un tiro en la cabeza. En el edificio de diez plantas en el que vivía, eligió su terraza para colgarse. Tuvo que subirse a una silla para atar la cuerda al techo, pero resultó que era demasiado corta y, si quería ahorcarse, no podía bajarse de ella. Sacó su carabina 22 LR (calibre para una munición de casi 6 milímetros de diámetro), se la puso en la boca y disparó. Lamentablemente, tenía los brazos demasiado cortos para alcanzar el gatillo y había necesitado colocar el arma en diagonal, con lo que la bala no llegó a atravesar el cráneo, sino solo la mejilla izquierda, justo detrás de la cual se hallaba la cuerda, que se partió. Desequilibrado, el hombre cayó desde lo alto de la silla y se golpeó la cabeza violentamente contra el suelo, lo que ocasionó la fractura craneal que lo mató.

EL *INSERT* DE LEÑA

Son las diez de la noche cuando se abre la puerta de la comisaría central de policía para dar paso a un individuo desgreñado, provisto de una maletita. Es Marius. Marius no está muy limpio, pero aun así se ha puesto sus mejores galas, el chándal más bonito que tiene, uno blanco con rayas azules. Apenas se cuida desde que se hundió en la adicción a las drogas hace ya más de veinte de años. Se dirige a la ventanilla donde lo espera el ordenanza. «¿Qué demonios quiere este tipo?», se pregunta este, poco predispuesto a ser indulgente con Marius al ver su extraña apariencia.

—Vengo porque he matado a mi mujer.
—Ya, ¿y dónde se encuentra su mujer?
—La he quemado.
—Ah, ¿y dónde ha quemado a su mujer?
—En el jardín, hace dos años.

«Este tipo no es más que un loco —se dice el ordenanza—. No voy a fastidiar a todo el mundo a estas horas. Como despierte al comisario de guardia por esto, me va a volver a caer una buena».

—Mire, hoy ya no hay nadie, vuelva mañana por la mañana y le atenderemos.
—Ah, bueno, vale.

Marius sale de la comisaría un poco ofendido porque se da cuenta de que el agente no lo cree y lo toma por un cretino. Decide atravesar a pie la ciudad para presentarse en la gendarmería. El camino es largo, sobre todo cuando vas cargando con una maleta, pero a Marius nada lo detiene, está decidido a confesar y acabará encontrando a alguien que quiera escucharlo.

En la gendarmería, la cosa cambia: tiene que pasar dos puertas que se cierran hermética y automáticamente a su paso y, al entrar, un ordenanza lo saluda desde el otro lado del mostrador.

—Buenas noches, señor, ¿en qué puedo ayudarlo?

Marius se queda impresionado con esta acogida tan distinta.

—Pues es que maté a mi mujer hace dos años, la quemé en el jardín.

—¿Viva?

—No, no, la estrangulé antes.

—¿Ah, sí? Bueno, acomódese, señor. Enseguida vendrán a atenderlo.

Marius se sienta.

Apenas han pasado cinco minutos cuando aparece otro gendarme.

—Buenas noches, señor, voy a ocuparme de tomarle declaración sobre el fallecimiento de su esposa. ¿Me sigue, por favor?

Marius se levanta para acudir a la entrevista más importante de su vida. De hecho, ya no es una declaración, sino un acto de expiación. Marius lo cuenta todo, sin dejarse ningún detalle; responde a todas las preguntas del gendarme, que lo interroga con mucha amabilidad. Terminan a las cinco de la mañana. Lo ha dicho todo, ahora se siente mejor y esboza una sonrisa sincera. El gendarme contacta con el fiscal de guardia.

—¿Philippe? ¿Estabas durmiendo?

Son las cinco y media de la mañana, ¡ya me dirás tú si estaba durmiendo! Es verdad que cuando uno está de guardia nunca duerme profundamente. Sabiendo que lo pueden despertar en cualquier momento, cae más bien en un «sueño alerta». El fiscal me cuenta todo el caso. Marius utilizó prácticamente todos los muebles de la casa para quemar a su mujer en el jardín. Según él, en el barrio tan deprimido lleno de okupas en el que vive, los vecinos no se dieron cuenta de nada. En cuanto a su mujer, tenía una drogodependencia tan grave como la suya propia.

—¿Se puede hacer desaparecer un cuerpo quemándolo?

—Por supuesto. No es fácil, pero se puede.

El fiscal y yo reflexionamos sobre qué medios se necesitan, si se puede hacer con los muebles de una vivienda, cuánta madera llevaría, etc. Preguntas todas para las que en ese momento no tengo repuesta.

En aquella época, no existía literatura académica sobre restos humanos carbonizados ni formación específica en la materia. Desde entonces, se ha desarrollado toda una literatura forense al respecto y yo he cursado estudios especializados en restos humanos carbonizados con el profesor Maat, de la Universidad de Leiden. Esta universidad posee la colección más numerosa de restos de tumbas romanas. Los romanos se incineraban y las cenizas se recogían y depositaban en urnas funerarias, de las que ahora se encarga la Universidad. Se conservan varios centenares bajo la supervisión del profesor Maat, que las ha usado como objeto de diversos estudios y publicaciones, además de recibir a médicos y antropólogos forenses en formación.

En el momento de la confesión de Marius, yo aún no dispongo de esa formación, que además ni siquiera existe todavía. La investigación sigue su curso. Ni rastro de Nadine desde hace cinco años. Efectivamente, había desaparecido del mapa. Estaba por completo fuera de la vida social y no figuraba en ningún sistema: el paro, el CPAS, la mutua, la Vierge Noire...* Esto es lo que ocurre a menudo con los toxicómanos, que no se benefician de ninguna prestación social y por los que nadie se preocupa, sobre todo cuando carecen de familia... A Nadine le quedaba una abuela por parte de madre, Marguerite, pero estaba discapacitada y padecía alzhéimer, lo que hacía bastante complicado contactar con ella. No tenía coche ni tarjeta bancaria y hacía mucho tiempo que se había perdido la pista del número de teléfono; en fin, que no había manera de encontrarla. La fiscalía lo tenía difícil, pues no había prueba alguna de que Nadine siguiera viva, pero tampoco de que hubiera muerto.

A Marius lo meten en la cárcel, donde se siente bien, le dan de comer todos los días, está a gusto y ha hecho amigos drogodependientes como él. No tiene ninguna gana de salir. De hecho, lo que en realidad teme cada vez que le revisan mensualmente la prisión preventiva es que lo dejen en libertad. Pero no puede permanecer en la cárcel sin una razón legal, por lo que, si la fiscalía no consigue aportar medios probatorios, lo soltarán en un mes. La fiscalía remite el caso a un juez de instrucción.

En cuanto recibe el caso, el juez se pone en contacto conmigo y, tras una breve conversación, decidimos que participaré en el interrogatorio de Marius, programado para dos días más tarde. Me alegra mucho conocerlo, porque tengo infinidad de preguntas para él.

Marius y Nadine se enzarzaron en una pelea muy violenta y, bajo los efectos de la cocaína, Marius estranguló a Nadine. Al

---

* El CPAS, Centre Public d'Action Sociale, es un organismo público belga encargado de gestionar ayudas de carácter social, dirigidas en particular a personas excluidas del régimen de la seguridad social. La Vierge Noire se refiere al organismo que gestiona las prestaciones por discapacidad, así llamado por su antigua ubicación en la calle del mismo nombre *(N. de la T.)*.

día siguiente, decidió deshacerse del cuerpo quemándolo en el jardín. Esperó a que se hiciera de noche y preparó una hoguera con toda la madera que fue capaz de reunir, formando una pila de leña donde depositó el cuerpo de Nadine envuelto en una sábana. Lo roció con gasolina de un bidón de cinco litros y le prendió fuego. A Marius le sorprendió que un cadáver ardiera tan mal. Acabó teniendo que añadir mucha más madera, sacrificando numerosos muebles de la casa: dos mesillas de noche, una cómoda, un vasar, una mesita de centro, un aparador y cuatro sillas. A las seis de la mañana todavía faltaban unos fragmentos de huesos y el cráneo, que al final aplastó con un martillo para recoger después los restos y tirarlos a la basura.

Con que Marius hubiera limpiado bien el jardín, dada la cantidad de tiempo que había pasado, ya no debía de quedar nada, pero valía la pena comprobarlo. Se recurre a la DVI para que registre el recinto en busca de restos de Nadine. Se trata de un pequeño jardín urbano de 15 m^2. Acudo al lugar de los hechos junto a la DVI para buscar restos en la superficie, sin ningún éxito. La DVI propone tamizar la tierra a cierta profundidad, y gracias a ello encontramos un diente humano, aunque ni rastro de fragmentos óseos. Se le entrega el diente a un perito odontólogo, Eddy, que consigue extraer la pulpa para realizar un análisis de ADN y obtener un código genético. Ahora hay que comprobar si es de Nadine, pero todos los objetos que le pertenecían han desaparecido. Marius se deshizo de lo poco que poseía. Solo queda la posibilidad de comparar el ADN de Nadine con el de miembros de su familia, cuyo código genético coincidirá en parte; por desgracia, solo sigue viva Marguerite, su abuela materna, y dado que una abuela y su nieta se encuentran genéticamente bastante lejos y no hay otros parientes con quienes comparar, la probabilidad de hacer algún avance es escasa, aunque sin duda mejor que nada. Cuando por fin se halla a Marguerite, el cotejo demuestra que el diente puede pertenecer a un miembro de su familia. Por fin vamos avanzando.

Falta comprobar que Marius no haya mentido respecto a la incineración de Nadine. Nadine, siendo drogodependiente, debió de ir quedándose sin dientes, como suele ocurrir con la heroína. Bien podría haber perdido una pieza en el jardín sin tener que haber sido a causa de una incineración. Así que pregunto al servicio de donación de cuerpos si cuentan con un cadáver femenino de unos 60 kg de alguna donante que dispusiera ser incinerada después de que su cuerpo sirviera a la ciencia. La respuesta es afirmativa y me ceden un cadáver. Para comprobar si Marius dice la verdad, he decidido quemar un cuerpo femenino del mismo peso que Nadine, o casi, puesto que solo contamos con la estimación de Marius de su peso. Lamentablemente, nunca llegaré a recibir las autorizaciones necesarias.

A Marius lo juzgan en la *cour d'assises*, el tribunal con jurado de Bélgica, y le alegra mucho que lo declaren culpable. Le había dicho a su abogado de oficio que no quería que lo defendiera. El abogado obedeció. A Marius lo condenan a quince años de prisión.

Unos años más tarde, comienzo mis estudios con el profesor Maat, y menos mal, porque me van a hacer mucha falta.

Hace varios días que Jean-François no da señales de vida y su jefe empieza a preocuparse. Lo ha llamado varias veces sin obtener respuesta; el móvil ya no da tono y salta directamente el contestador: «En este momento no puedo atenderle; deje su número y lo llamaré más tarde». Jean-François no ha devuelto las llamadas, algo muy extraño: no es su estilo en absoluto. Como Jean-François vive solo desde que se separó, el jefe llama a la policía, por si pudiera haberle ocurrido algo. La policía no tiene ninguna información al respecto, pero decide considerarlo como una desaparición y pone en marcha la investigación. Tras acudir al apartamento de Jean-François y encontrarse con la puerta cerrada, la conserje, que tiene copia de las llaves, les abre: ni rastro de Jean-François. No están ni los documentos de identidad ni las llaves del coche, y el coche tampoco se encuentra en el garaje. Dan la alerta al comisario, este avisa a la fiscalía, y se abre la instrucción del caso. Hay orden de rastrear en primer lugar los movimientos de la tarjeta de crédito, el teléfono móvil y el GPS del coche. Los resultados no tardan en llegar. La tarjeta de crédito no muestra ninguna actividad desde hace tres días, y el móvil está apagado y ya ilocalizable, aunque sabemos que emitió señal por última vez en un barrio cercano a donde vive su exmujer, de la que lleva tres meses divorciado por resolución judicial. En cuanto al GPS, indica que el coche se encuentra aparcado... delante de la casa de su exmujer.

—Buenos días, señora. Somos de la policía.

Esta manera de presentarse siempre me ha hecho gracia. Se plantan allí con el uniforme puesto y aun así tienen que anunciar que son de la policía, no vaya a ser que los tomen por payasos, supongo. Laurence abre la puerta y no se sorprende demasiado al verlos. Al fin y al cabo, el coche de su exmarido se encuentra frente a la puerta. Intentó moverlo, pero está averiado. «¿Podemos pasar? Queremos hablar sobre su exmarido». En el interrogatorio, Laurence confiesa que ha matado a Jean-François. Lo mató y lo quemó en su *insert*. Se trata de una estufa de leña empotrable que se encuentra en el salón, insertada en la mampostería de la pared de la chimenea. Los agentes se muestran incrédulos: «¿Cómo se puede quemar a un hombre en una estufa de leña? Es imposible». La jueza de instrucción solicita la intervención de un perito psiquiatra para examinar a

Laurence y emitir un dictamen. La conclusión del perito es terminante: Laurence se lo está imaginando. Pero la jueza de instrucción no se libra del tremendo problema que tiene encima. Jean-François ha desaparecido y la ausencia de movimientos en su tarjeta junto a la inactividad del móvil no sugieren precisamente que siga vivo por ahí. Al contrario, todo parece indicar que está muerto. Además, Laurence no dejar de insistir en que lo ha matado, aunque sus declaraciones dejan perplejos a los investigadores. Para tratar de aclarar las cosas, la jueza de instrucción decide hacer una reconstrucción de la escena del crimen, en la que me invita a participar junto al psiquiatra que tilda a Laurence de fantasiosa. Me presento allí perplejo, pues no entiendo muy bien qué puedo aportar yo si no hay cadáver.

Para variar, se trata de un hermoso barrio y una casa bonita y bien cuidada, muy diferente de los sitios a los que normalmente me mandan los funcionarios judiciales. La reconstrucción arranca en la habitación en la que según Laurence se inició una discusión bastante violenta, pues Jean-François comenzó a golpearla cuando descubrió que ella tenía un amante, a pesar de que llevaban tres meses separados. Jean-François se había negado a separarse, por lo que Laurence había tenido que recurrir a un juez para obtener una separación legal que obligara a su marido a irse de casa, como al final sucedió. Tras los golpes en esa habitación, la pelea se trasladó una planta más abajo, a la cocina, donde, abrumada y temiendo por su vida ante la violencia de los ataques, Laurence cogió un hacha que había allí y golpeó a Jean-François en la cabeza y en el pecho. Él se desplomó y de inmediato dejó de respirar mientras le salía sangre a borbotones de las heridas. Según Laurence, prácticamente apareció el mar Rojo en su cocina.

Cuando se repuso un poco, Laurence empezó a plantearse qué hacer con el cuerpo. No quería entregarse a la policía para poder seguir cuidando a los hijos del hombre al que acababa de matar. Le parecía que ya tenían suficiente con haber perdido a un padre. Así que tomó la decisión: no se entregaría. Por tanto, era evidente que tenía que deshacerse del cuerpo; lo que no resultaba tan evidente era cómo. ¿Qué hacer? Laurence había trabajado en una carnicería y sabía despiezar un cerdo. Se le ocurrió que hacerlo con un hombre no debía de ser mucho más complicado. Así que cogió el hacha, comenzó a despiezar el cuerpo de Jean-François y fue metiendo los pedazos en bolsitas herméticas para nevera, que colocó en uno de los congeladores del garaje. Mientras Laurence va revelando su historia con total naturalidad, la duda y la perplejidad crecen entre quienes la escuchamos, incluidos los investigadores, que sin embargo se han topado ya con toda clase de criminales.

Laurence nos conduce hasta el congelador en cuestión explicando que tuvo que limpiarlo porque se había derramado un poco de sangre. Se trata de un congelador tipo arcón que parece nuevo. En una inspección visual, no se aprecia sangre, pero es mejor comprobarlo. En este caso, la prueba del luminol[*] es inútil, pues lo que revela este método en realidad es el hierro presente en la hemoglobina, proteína constitutiva de los glóbulos rojos de la sangre, y el interior del congelador está hecho de este metal. A ciegas, vamos tomando muestras de todo el interior del arcón y de sus intersticios con ayuda de unos hisopos.

El cuerpo ya había desaparecido para cuando los niños volvieron del colegio y Laurence tuvo tiempo de fregar la cocina con lejía para eliminar los olores. A los niños, que habían visto el coche de su padre en la puerta, les decepcionó no encontrarlo dentro. Laurence les contó que había venido a arreglar unas

---

[*] Se trata de una sustancia química que se vuelve azul en presencia de hierro, un efecto llamado quimioluminiscencia.

cosas y que luego el coche no le arrancaba y había tenido que venir un amigo a recogerlo. Los niños se pusieron a hacer los deberes. Por la noche, cenaron en la cocina y vieron la televisión hasta las ocho, hora de irse a la cama. Laurence encendió la estufa de leña como todas las noches de aquel invierno que se eternizaba.

El *insert* funcionaba muy bien; hasta producía unas llamas excelentes. Fue entonces cuando se le ocurrió la idea de hacer desaparecer allí a su marido. Esperó a que los niños se acostaran para echar al fuego un pedazo embalado de Jean-François, que se consumió en apenas un par de horas. Había encontrado una solución para deshacerse del cuerpo mucho mejor que la de tirarlo a la basura, una alternativa con la que se arriesgaba a que un pedazo u otro acabara siendo descubierto. Jean-François terminaría igualmente en la basura, pero hecho cenizas, sin llamar la atención de nadie. En unos cuantos días, dos horas cada noche, Jean-François fue ardiendo a pedazos metido en bolsitas de plástico.

En este punto de la reconstrucción nos encontramos frente a la estufa de leña, bastante más desconcertados por la manera tan indiferente que tiene Laurence de contar la muerte y destrucción del cuerpo de su marido que por los hechos como tales. La jueza de instrucción se vuelve hacia mí.

—Doctor, ¿tiene alguna pregunta para la señora?
—Sí, unas pocas.

Gracias a mis estudios sobre restos calcinados con el profesor Maat, sé exactamente qué tipo de vestigios debe de haberse encontrado Laurence una vez consumidos los huesos y la carne de su marido. Porque siempre queda algo aparte de las cenizas, dado que un cuerpo casi nunca arde entero, a no ser que se lo someta a una energía muy superior a la que puede generar una estufa de leña. Laurence va respondiendo a mis preguntas de manera muy precisa y, sobre todo, muy acertada. Desde el color de los huesos, que depende de la temperatura de las llamas, hasta la descripción de los fragmentos residuales, no le falta detalle, todo es acertado. Laurence no está mintiendo, no se está imaginando nada.

En cuanto a las cenizas, las eliminó sirviéndose de una pequeña aspiradora para estufas de pellets. La aspiradora, que no se ha vuelto a utilizar desde entonces, es requisada y enviada a un laboratorio especializado, donde podrán demostrar si se trata de cenizas humanas, única información que se puede obtener del examen de este tipo de restos de la combustión.

La investigación continúa. Al hacer un barrido de la cocina con luminol, se encuentran huellas de sangre y se recogen muestras para un análisis de ADN. La científica acude al apartamento de Jean-François para tomar muestras de pelo de un peine con la idea de comparar su ADN con el que se ha hallado en la cocina y en el congelador. Efectivamente, las muestras recogidas en el congelador revelan la presencia de sangre y proporcionan una cantidad aprovechable de ADN. Todas las muestras concuerdan: se trata de la sangre de Jean-François.

—Dígame, señora, ¿hubo alguna parte que fuera más difícil de quemar? —le pregunto durante la reconstrucción de la escena del crimen.

—Desde luego, doctor, la cabeza. Tuve que echarla al fuego cuatro veces.

Tremenda, esta Laurence.

UNAS BALAS Y GANAS DE MORIR

Abundan las películas «de tiros» en las que aparece el héroe, armado con una pistola o, en ocasiones, un revólver de bajo calibre, disparando a una víctima que sale proyectada hacia atrás como si la hubiera propulsado un camión de cuatro toneladas, despidiendo chorros de sangre como si fuera lo único que tiene en el cuerpo.

Aunque me gusta ver este tipo de películas para relajarme, la realidad es bastante distinta.

—¿Doctor? Necesitaría que se acercara a… porque un hombre que se ha suicidado. Está bastante claro que es un suicidio, pero aun así no me quedo tranquilo. Ya he enviado a la científica y al experto en balística.

El experto en balística es un antiguo agente de la policía municipal de Lieja, Jean Jamar, con el que quedo para que hagamos el camino juntos. Jean es liejense de toda la vida, hizo su carrera entera en la policía y, como desde siempre le interesaron las armas de fuego, acabó desarrollando tal conocimiento del tema que la fiscalía lo reconoció como experto en balística. En aquella época, aún no existían estudios específicos y los peritos se formaban sobre la marcha. Mucho me temo que sigue siendo el caso hoy en día.

Para quienes no lo conozcan, Jean es un tipo que impone: por su físico, pues ocupa mucho espacio; y por su mirada y la expresión de su rostro, que le dan el aspecto de un villano. La primera vez que nos encontramos yo todavía estaba haciendo prácticas en medicina forense y no tenía claro que fuera a convertirse en mi especialización. Un hombre había disparado a otro en una cafetería de Herstal porque le había pisado la cola a su perro y no se había disculpado. Con un simple vistazo al arma del crimen, Jean aseguró, por la fina capa de polvo que la recubría, que aquel tipo acostumbraba a llevarla encima a pesar de lo que afirmaba. Me dejó muy impresionado.

Más adelante nos hicimos amigos cuando él ofició mi bautizo, que todavía hoy recuerdo, aunque él no lo llamara así. Lo que ocurría era que Jean te invitaba a su casa, abría unas cuantas botellas de las que se guardan como oro en paño, y te cogías el pedo de tu vida. Según la policía judicial, la científica y el resto de los policías, eso era que te había bautizado. También era el bueno de Jean el que llegaba a la sala de autopsias con tres botellas transparentes de plástico, una con una bebida amarilla, otra con una verde y la tercera con una blanca, que él llamaba respectivamente naranjada, menta y agua sin gas, y que eran en realidad coñac, chartreuse y aguardiente de enebro. Hoy en día, ni hablar de llevar alcohol del tipo que sea a la sala de autopsias.

Los tiempos cambian, y rápido. Hace treinta años, en una autopsia estaban presentes los policías encargados de la investigación, los peritos que hicieran falta, el fiscal y el juez de instrucción, y los becarios de la judicatura y del forense. Hoy, aparte del forense y el agente de la científica, la sala está vacía. No era raro que después de una autopsia nos fuéramos todos juntos a comer, pero eso ya es cosa del pasado.

«¿Doctor? Necesitaría que se acercara a...». Con estas palabras, el fiscal adjunto me envía prácticamente a la frontera con Francia, a la hermosa provincia de Luxemburgo. Cuando llegamos Jean y yo, nos ponen al tanto de lo ocurrido.

El difunto no respondía a las llamadas de su vecino, con quien quedaba a diario, y que lo descubrió en el suelo claramente inconsciente al asomarse a la ventana de la cocina, estancia principal donde se hace la vida en las viviendas antiguas. Entonces alertó a la policía, que tuvo que echar la puerta abajo por tratarse de una de esas puertas viejas para las que todavía se usa una llave también vieja y enorme, sin copia, con una cerradura que además no admite dos llaves a la vez. La llave estaba puesta por dentro, así que los policías se vieron obligados a derribar la puerta.

La cocina es cuadrada, pequeña. En el centro hay una mesa cubierta con uno de esos hules que hoy en día casi no se encuentran, de motivos anaranjados. Sobre ella, una nota en la que el difunto explica su decisión. Como muchos suicidas, estaba harto de la vida, harto de esperar una muerte que por lo visto lo había olvidado. Claramente, ya se había encargado él de refrescarle la memoria.

Junto a su carta de despedida hay una caja de munición 22 LR. LR, *long rifle*, quiere decir que el casquillo es más largo que el de otras municiones del mismo calibre para almacenar más pólvora, de tal manera que el proyectil, que saldrá disparado con mayor presión, sea más vulnerante. El número 22 se refiere al calibre, y está expresado en unidades inglesas, 0,22 pulgadas, es decir, 0,55 centímetros; o sea, un calibre de unos 6 mm. Los diferentes sistemas de medida son siempre un engorro y fuente de muchas confusiones. En conclusión, el difunto ha utilizado una munición de pequeño calibre para poner fin a sus días. Parte de las balas están tiradas por la mesa, y parte todavía en la caja. Entre las primeras, hay unas cuantas ensangrentadas. Volveremos sobre este punto más adelante.

Justo delante de la mesa, en paralelo, se encuentra el difunto tendido de espaldas. A sus pies, sube por la pared una tubería de agua cubierta por una capa de mugre, una mezcla de polvo y grasa de cocina que debe de haberse ido acumulando durante años, a juzgar por lo gruesa que es. En la parte horizontal de la tubería, a la altura del pecho de un adulto de pie, unas marcas perpendiculares limpias de mugre revelan que la tubería alguna vez estuvo pintada de blanco. En la pared, a la izquierda, la única ventana de la estancia está intacta, cerrada y provista de sólidos barrotes; nada de qué preocuparse por ese lado.

Del mismo modo, hay una sola entrada en la cocina, donde no se observa ningún rastro de forcejeo más allá del desorden habitual que suele haber en las habitaciones en las que se hace vida.

A la derecha del cuerpo hay una silla de mimbre con dos cojines, uno para el asiento y otro para el respaldo, ambos manchados de sangre en la parte izquierda, pero inmaculados en la derecha. Los dos reposabrazos presentan huellas de sangre seca, exactamente como si les hubieran puesto una mano ensangrentada encima.

Cuando intervinieron los servicios de emergencia, le cortaron al difunto la camiseta, única prenda que llevaba en la parte de arriba, y le colocaron electrodos en el tórax para comprobar la actividad cardiaca. Verificaron así la certeza de la muerte, como corresponde a una buena praxis médica. En efecto, siempre hay que asegurarse de que una persona esté muerta antes de certificarlo, dado que hay bastantes circunstancias que podrían inducir a error, como ya he contado en otro capítulo. Así que hicieron bien, pero no deja de ser un incordio, como también he explicado en otro lugar, pues la manipulación del cuerpo y la ropa altera la escena del crimen y se corre el riesgo de eliminar algún elemento importante o añadir otros que la contaminen.

«Está correctamente vestido» es la fórmula que utilizamos

para decir que la ropa no presenta ninguna singularidad. Por el contrario, esta camiseta tiene catorce agujeros quemados en los bordes, correspondientes a disparos de proyectil, y está cubierta de sangre en el lado izquierdo, desde los agujeros hasta la parte de abajo y el costado.

Entre las piernas del difunto se encuentra una carabina con el cañón dirigido hacia la parte superior del cuerpo. Jean coge el arma, de la que ya se han tomado las huellas dactilares. Es una carabina de cerrojo del 22 con un cargador de seis cartuchos. Quedan cuatro en el cargador. La científica descubre en la culata huellas de un polvo grasiento que pueden corresponder a las marcas limpias que se aprecian en la tubería de la pared ante la que se encuentra el cuerpo.

Solo después de haber realizado todas estas observaciones puede el forense pasar a ocuparse del cadáver. El examen forense se hace siempre sobre las caras anterior y posterior del cuerpo desnudo, y procediendo según una metodología idéntica en todos los casos: una inspección primero de arriba abajo y después de abajo arriba, con la mejor luz posible, utilizando por ejemplo una linterna frontal de espeleólogo, para minimizar las probabilidades de perderse algún detalle.

En la cara anterior del cuerpo, lo que primero salta a la vista son las huellas del impacto de proyectiles, agrupadas a la altura de la región inferior y paramediana izquierdas del tórax anterior, es decir, en la zona del corazón. Se cuentan hasta catorce y son la razón de la inquietud del fiscal y el motivo de que haya llamado a la artillería pesada: la científica, el experto en balística y el forense, pues se trata de algo nunca visto para un presunto suicidio.

Son claramente orificios de entrada de proyectil. Es fundamental distinguir la entrada y la salida del proyectil, porque el enjuiciamiento del tirador puede cambiar en función de si disparó a la víctima de frente o por la espalda.

Cuando el disparo se produce de frente, siempre cabe alegar legítima defensa, por ejemplo, en caso de que la víctima estuviera amenazando al tirador con un arma, mientras que cuando el proyectil penetra por la espalda, la legítima defensa se vuelve poco plausible, a menos que se pueda demostrar que la víctima seguía suponiendo una amenaza de espaldas, algo nada fácil.

Los orificios de entrada tienen características diferentes de los de salida. Cuando una bala traspasa la piel, primero la deforma presionándola hacia dentro justo antes de perforarla. Dada la velocidad que lleva (entre 280 y 380 m/s, o sea, entre 1000 y 1300 km/h), genera un roce en la piel con tanta energía que produce en la periferia del orificio una pequeña abrasión cutánea a la que denominamos «collarete» por su forma circular; se trata en definitiva de una erosión, de ahí el nombre de «collarete erosivo».

Pero eso no es todo: además del proyectil, el cañón de un arma despide igualmente una llama procedente de la combustión de la pólvora que contiene la bala; es una llama de corta distancia, dos centímetros de media, dependiendo del tipo de pólvora. También expulsa granillos de pólvora que no se han consumido del todo, y el humo que se genera en la combustión.

Cuando el arma está en contacto con la piel, se dice que el disparo es «a bocajarro» o «de contacto». Casi siempre el cañón del arma deja marca en la piel, y los elementos mencionados, es decir, el humo y la pólvora, quedan alojados bajo ella, en el interior de una cavidad denominada «boca de mina».

A corta distancia, que por lo general se considera menos de quince centímetros, todos estos elementos se encuentran sobre la piel o en la ropa de la víctima, alrededor del orificio que produce el paso del proyectil. Por eso este tipo de disparos se denominan «a quemarropa». Al medir el diámetro de dispersión de los granos de pólvora o del humo, el experto en balística puede determinar la distancia a la que se encontraba el tirador.

Para ello, el experto en balística efectúa una serie de tiros de comparación con el arma utilizada hasta dar con el mismo grado de dispersión. Cuando logra reproducir la misma dispersión, quiere decir que ha encontrado la distancia a la que disparó el tirador. Más allá de esa distancia, ya solo se presentan el orificio y el collarete erosivo, elementos que definen el disparo «a distancia».

La sangre se ha derramado desde estos orificios hasta la cintura en la parte anterior, pero también en dirección a la espalda recorriendo el costado izquierdo.

Hay una huella más de impacto de proyectil en la cara anterior interna de la parte media del brazo sin orificio de salida, es decir, que el proyectil ha quedado alojado en el interior del brazo. Al manipular el miembro superior izquierdo, descubro que el húmero (el hueso del brazo) está roto justo a la altura del impacto. En estas condiciones, puedo deducir sin miedo a equivocarme que el proyectil penetró en el brazo izquierdo, rompió el húmero y toda su velocidad de proyección se transformó en potencia vulnerante antes de detenerse en algún lugar cerca del hueso.

Las palmas de las manos están manchadas de sangre. No hay ninguna otra lesión significativa en la parte anterior del cuerpo, con lo que doy paso a la científica para que haga fotos de las lesiones detectadas.

Así las cosas, puedo pasar al examen de la cara posterior. Las únicas lesiones que observo aquí se encuentran debajo del brazo, en la región lateral izquierda del tórax, y las hay de dos tipos: orificios de salida de proyectil y equimosis, la coloración de la piel que resulta de la sufusión de la sangre. Los orificios de salida no presentan ninguna de las características de los orificios de entrada, y pueden ser circulares, elípticos o irregulares. En el caso de nuestro difunto, son completamente irregulares, sin forma concreta.

A partir de ahora, entramos en la segunda fase de mi trabajo: interpretar las señales encontradas. Las características de los orificios anteriores son inconfundibles. Se trata sin duda de orificios de entrada, y hay catorce, es decir, se hicieron catorce disparos con una carabina de cerrojo, lo que quiere decir que hasta en trece ocasiones el tirador ha tenido que abrir el cerrojo para expulsar el casquillo y dejar hueco a una nueva bala, volver a colocar el arma y disparar.

Y eso no es todo: el arma cuenta con un cargador de seis balas, lo que quiere decir que ha tenido que recargarlo dos veces.

A medida que disparaba, el tirador debió de ir sintiéndose cada vez más débil, tanto por el dolor como por la pérdida de sangre, consecuencia del paso de los proyectiles, y probablemente tuvo que sentarse en la silla de mimbre, si no para descansar, como mínimo para volver a cargar el arma.

También debió de tocarse las heridas al notar el dolor y se manchó las manos con su propia sangre. Después, con las manos impregnadas, cogió algunas de las balas que había en la mesa para recargar el arma y volvió a ponerse en pie apoyándose en los reposabrazos.

Exhausto, descansó la culata del fusil en la tubería llena de grasa y polvo de la cocina, y así fue como quedaron las marcas en la tubería y el polvo grasiento en la culata del arma.

Todo tiene, por tanto, una explicación. Sin embargo, falta lo esencial: el misterio de los catorce tiros necesarios para morir cuando uno solo en el corazón debería haber bastado. Esto último es cierto, pero no con la trayectoria que llevaban. Los proyectiles atravesaron efectivamente el tórax, tras el cual se halla el corazón a una profundidad variable, unos cinco centímetros de media en un adulto de estatura media… Sin embargo, tendrían que haberse disparado en un eje perpendicular al cuerpo. Y en este caso no fue así, ya que llevaban una trayectoria diagonal hacia atrás y a la izquierda. En realidad, los proyectiles nunca llegaron a tocar el corazón debido a su trayectoria diagonal.

Perforaron el pulmón izquierdo, rompieron las costillas; algunos hasta atravesaron el cuerpo, incluido el que penetró por el brazo izquierdo y fracturó el húmero. Los proyectiles provocaron una hemorragia interna relativamente lenta, puesto que no tocaron ningún vaso de alto flujo sanguíneo, sino tan solo la red vascular pulmonar. Cuando la cavidad pleural izquierda se llenó de alrededor de un litro de sangre, Jean quedó inconsciente y se desplomó, si es que no estaba ya antes en el suelo tras la fractura del brazo izquierdo, que debió de dejarlo incapacitado para seguir utilizando el arma. Tras perder entre 1,5 y 2 litros de sangre, murió.

Por consiguiente, la pregunta es: ¿por qué realizó los disparos en diagonal? La respuesta es sencilla, pero hay que caer en ello. Los brazos no le llegaban al gatillo si ponía el arma perpendicular al cuerpo, así que tuvo que ladearla un poco.

Este hombre debió de terminar pensando que era inmortal, y demostró una fuerza de carácter fuera de lo común, decidido como estaba a acabar con su vida. Imaginen su sorpresa cuando no murió al primer tiro, su perplejidad al tener que disparar catorce veces. Su caso no es único y, aunque ninguno tan ilustrativo como este, me he topado con otros parecidos.

Está el de un hombre de unos cincuenta años que decide suicidarse por arma de fuego en mitad de un parque bastante concurrido. Una suerte para nosotros, que tenemos testigos, pero no tanto para los testigos, a quienes se les quedará grabada para siempre esa imagen en la memoria, con toda la estela de potenciales traumas que puede provocar.

Se realiza el examen sobre el terreno, como hacemos a menudo, en parte porque no disponemos de un servicio de transporte de cadáveres adaptado a nuestras necesidades, pero sobre todo porque hay que dar respuestas rápidas para poder determinar el curso policial y legal que debe seguir el caso.

Durante mi examen, observo un orificio de entrada de proyectil a la altura del paladar con salida por la parte superior del cráneo, y otro en la región torácica anterior izquierda, a la altura del corazón, sin orificio de salida. A menos que otra persona haya intervenido para matar a este hombre, algo de lo que no da cuenta ningún testigo, puedo afirmar que hubo un primer tiro cardiaco y un segundo transcraneal sin riesgo de equivocarme. Una vez más, se trata de un hombre que intentó primero alcanzar el corazón y que debió de sorprenderse mucho al no morir de inmediato, como en las películas.

Pero no vayan a creer que un tiro transcraneal es necesariamente mortal de inmediato. Por ahí tengo una cinta de vídeo de otro hombre que se grabó mientras se suicidaba. Durante el examen forense, previo al visionado de la cinta, observo dos orificios de entrada con características de tiro a bocajarro, uno en la sien derecha y otro en la boca, con sus correspondientes salidas en la sien izquierda y en lo alto del cráneo. Al ver el vídeo, comprendo lo que ocurrió. Aparece el difunto instalando la cámara con cuidado y sentándose frente a ella. A continuación, toma el arma con la mano derecha y se la coloca en la sien derecha, cierra los ojos, y aprieta el gatillo. Un amasijo de sangre y carne sale disparado por la sien izquierda a causa del impacto, y el hombre desaparece del campo de visión. Después de por lo menos una hora de grabación, vuelve a aparecer el hombre; se adivina que está buscando a tientas el arma hasta que por fin la encuentra. En efecto, ha dejado de ver, puesto que la trayectoria de un tiro en la sien pasa por los nervios ópticos y el proyectil los ha seccionado. Entonces se ve cómo se coloca el arma en la boca, y dispara.

En medicina forense uno puede acabar haciendo cualquier cosa, hasta espeleología. Los forenses siempre debemos acudir al lugar de los hechos, aunque para ello haga falta penetrar en una cueva. Un día, unos espeleólogos hicieron un macabro descubrimiento durante una excursión de domingo.

Tras unos cuantos minutos de trayecto, ahí está el cuerpo, colocado sobre una cornisa que domina una caída de unos cuatro o cinco metros. El examen muestra que el cuerpo presenta dos impactos de proyectil a la altura de la sien derecha, claramente orificios de entrada a bocajarro, pues en sus bordes se observa la marca del cañón del arma. Por el contrario, no hay agujeros de salida, aunque no es de extrañar viendo, por el diámetro, el bajo calibre de la munición. Como no se encuentra el arma utilizada, no puedo asegurarlo. «Las armas utilizadas» debería decir, pues los orificios no tienen el mismo diámetro y casi con certeza se puede afirmar que han sido dos armas de diferente calibre.

Hay un pequeño problema: no están junto al cuerpo. Quizá parezca sorprendente, pero, como el cuerpo se encuentra al borde de una cornisa, en realidad el arma puede haberse caído. Los espeleólogos que nos acompañan bajan por la pared haciendo rápel y encuentran las armas del crimen a la altura del cuerpo. Se trata de dos pistolas, de calibre 6,35 y 22 (unos 6 mm), integradas de tal manera que, al apretar el gatillo de una, ambas se disparaban a la vez.

¿Por qué se complicó tanto la vida este hombre montando

un sistema tan complejo? Seguramente para aumentar las probabilidades de no sobrevivir.

Este tipo de suicidios nos dejan atónitos por su excepcionalidad. La determinación de algunos de los que deciden quitarse la vida, por lo general después de una larga reflexión y sin hablarlo con nadie, sin mostrar ninguna señal que hubiera podido alertar a sus seres queridos, nunca dejar de impresionar.

A nivel forense, su interés reside en liberarnos de las ideas preconcebidas cocinadas a fuego lento en las películas, los libros y las creencias populares, que jamás podrán sustituir a la experiencia sobre el terreno, la que nos enfrenta a los hechos en toda su complejidad.

EL ATAQUE DEL TENEDOR

Pierre es un juerguista de veintidós años con la salud de un joven que sabe disfrutar de una buena cerveza sin llegar a ser alcohólico. Vive solo en una casa que cuida con mucho esmero, y lo que más le gusta es que corra la cerveza cuando sale con sus amigos.

—¿Doctor? ¿Podría acudir a…? Un médico ha hallado muerto a un paciente al que iba a atender en su domicilio por un dolor de garganta.

Ya allí, me encuentro el cadáver de Pierre en el suelo frente a una mesa blanca de jardín de plástico, con la cabeza girada hacia una de sus patas, tendido sobre un charco de sangre.

Como siempre, antes de centrarme en el cuerpo, doy una vuelta por la habitación. Luego subo las escaleras y encuentro su dormitorio, que da a un rellano sin barandilla ni parapeto, justo encima del cadáver. Los agentes pensaron en un principio que Pierre se había caído del rellano, sin duda una posibilidad; pero cambiaron de opinión al ver el charco de sangre que se extendía junto a la cama en el piso de arriba.

En efecto, ¿cómo podría haberse caído al suelo y sangrado allí abundantemente, luego subir las escaleras, volver a sangrar en el dormitorio, y por último bajar de nuevo, tenderse en el mimo sitio, acabar de desangrarse, y morirse? No tiene ni pies ni cabeza. Así que solicitan mi intervención en calidad de forense para hallar una solución al enigma.

En el dormitorio de la primera planta, la cama está deshecha. El gran charco de sangre que encontró la policía está al lado derecho de la cama. Se extiende por el estrecho espacio que queda entre la cama y otro mueble. Está rodeado de lo que se denomina «proyecciones», numerosas salpicaduras que demuestran que la sangre cayó a cierta velocidad, principalmente a causa de la altura de emisión, fácil de identificar si nos fijamos en las que hay en el mueble de la derecha y que la sitúan en un máximo de un metro y medio.

El borde superior del edredón presenta una mancha de sangre en forma de mano derecha, como si hubieran cogido el borde del edredón para retirarlo y salir de la cama.

Se aprecia una gota de sangre en el suelo, en el espacio que va desde la cama hasta la puerta. Se trata de una mancha gravitacional, es decir, producida al caer desde cierta altura. Y luego nada más en el rellano, la escalera o el suelo del salón hasta llegar al cuerpo.

Pierre está tendido a lo largo, de cara a la mesa. A la altura de su cabeza hay un charco de sangre impresionante, en cuyo borde se encuentra la pata de la mesa de jardín de plástico, manchada hasta una altura de dos a tres centímetros. Sin embargo, la sangre no puede ascender por capilaridad en el plástico, por absorción como si fuera papel de cocina, de modo que ha tenido que producirse una propulsión, una suerte de oleada de sangre proyectada a gran velocidad para alcanzar esa altura.

Me llama la atención algo que se encuentra en el borde del charco: un coágulo de sangre que rodea la parte dentada de un tenedor de plástico al que le faltan el mango y uno de los cuatro dientes originales.

¿Qué pinta ahí ese tenedor? Mi primera hipótesis es que ya

estaba en el suelo cuando se formó el charco de sangre. ¿Por qué no? Pero lo cierto es que la sangre no coagula una vez fuera del cuerpo; se seca, pero no coagula. Para coagular, necesita una serie de elementos que van apareciendo poco a poco gracias a la circulación sanguínea y, por tanto, evidentemente no puede suceder fuera del organismo. Sin embargo, lo que estoy viendo es en efecto un coágulo, que tira por tierra mi teoría. La única solución es que el tenedor estuviera dentro del cuerpo. Ya, pero ¿cómo? ¿Y cómo llegó hasta allí? Son preguntas que probablemente resolverá la autopsia.

Mientras tanto, el fiscal adjunto ha tenido tiempo de remitir el caso a un juez de instrucción al que no me cuesta convencer de que hay que hacer una autopsia. Ese mismo día, me pongo con ella. Entretanto, la investigación avanza rápidamente.

Los agentes interrogan a su médico, al que llamó por un dolor de garganta. Como no era urgente, se acercó en un hueco que le quedó en la ronda del día y se llevó la desagradable sorpresa de encontrárselo muerto. Él mismo alertó a la policía, pero no certificó la muerte porque que no entendía muy bien el origen de la hemorragia que, por supuesto, identificó como la causa. E hizo bien.

Cuando realizo la autopsia, me quedo pasmado al descubrir cinco orificios, dos en un lado y tres en la cara anterior del esófago, el conducto por el que llega la comida al estómago atravesando el tórax de arriba abajo. Cuando coloco el tenedor encima, observo que cuadra a la perfección. Los dos agujeros corresponden a la parte rota del tenedor, por donde falta el mango, y los otros tres corresponden a los dientes.

Hay tres estrechamientos en el recorrido del esófago. El primero, bajo la laringe, justo donde empieza el esófago, es fácil de franquear por deglución (el acto de tragar). El segundo se encuentra más abajo, donde el esófago se cruza con el arco aórtico. La aorta es el vaso sanguíneo más grande del cuerpo, una arteria que sale del corazón y lleva la sangre a la periferia, a todos los órganos, a todas las células del cuerpo.

Las lesiones observadas en el esófago se encuentran a la altura del segundo estrechamiento y una de ellas, la que corresponde a los dientes del tenedor, continúa hasta la pared aórtica, que presenta también un agujero que ha puesto en comunicación la aorta y el esófago. Hizo falta cierta cantidad de tiempo, varios días, para que se formara esta doble perforación (esófago y aorta). A medida que pasaba el tiempo, por el movimiento peristáltico del esófago, es decir, las contracciones que empujan la comida hasta el estómago, la perforación se fue haciendo cada vez más grande. Al contraerse, el esófago fue clavándose el tenedor en su propia pared.

Mientras la pared del esófago terminaba de perforarse, seguramente le estuvo doliendo, pero debió de sentir cierto alivio cuando el tenedor traspasó por fin el esófago. Cierto alivio, aunque no gran mejoría, pues debía de tener dificultades para bajar la comida con un objeto atascado en el camino.

Durante todo ese tiempo, el tenedor continuaba su penetración de los tejidos y franqueaba el delicado espacio que separa el esófago de la aorta. Sometido a la peristalsis del esófago, el tenedor fue clavándose cada vez más profundamente hasta alcanzar la aorta, perforarla y producir primero un sangrado ligero pero continuo que formó un coágulo alrededor del tenedor.

Entonces, la sangre, que no le gusta mucho al estómago, fue inundándolo poco a poco hasta producirle el vómito a Pierre.

Vomitó una primera vez, aún en la cama. Tuvo el tiempo justo de sacar la cabeza y vomitar fuera de una sola arcada, nada desdeñable, por cierto, viendo la cantidad de sangre que había en el suelo. Se secó la boca con la mano derecha y retiró el edredón, en el que dejó la huella de la mano ensangrentada que encontramos. Salió de la cama, cruzó la habitación y bajó las escaleras hasta la planta baja, donde se sintió peor.

Se tumbó en el suelo y vomitó una segunda vez con tal violencia que la sangre alcanzó la pata de la mesa de plástico a una altura de dos a tres centímetros. En ese momento, el tenedor se desprendió y salió despedido y, al dejar de contener la sangre en los orificios que había creado, provocó una hemorragia catastrófica.

Puede que se produjeran más vómitos mientras se encontraba en el suelo, pero es una hipótesis indemostrable. Sea como sea, Pierre murió de un choque hipovolémico, es decir, que el organismo no podía funcionar por falta de sangre.

La investigación sigue su curso durante mi autopsia y pronto nos enteramos de que, cuando salía, Pierre se prestaba a tragarse prácticamente cualquier objeto con tal de que viniera dentro del vaso de cerveza al que le invitaran. De hecho, al proseguir la autopsia, encontramos un trozo de cuchillo de plástico —la parte cortante, sin el mango—, que ya estaba haciendo sus progresos en el intestino delgado.

Más tarde, me entero de que el día en que Pierre se tragó el tenedor —es decir, nueve días antes—, sus amigos tuvieron que llevarlo al hospital porque, nada más ingerirlo, había sentido un dolor intenso en el pecho, un dolor atroz y paralizante.

En urgencias, los amigos explicaron que «se había tragado un tenedor», dejando atónito al personal, que sin embargo está bastante acostumbrado a ver rarezas de toda clase. Hay que haber trabajado en esta unidad de un hospital para darse cuenta de las cosas inimaginables que se ven allí a diario. Se lo dijeron también a las enfermeras y al médico, que mandó hacer una radiografía.

El problema: el plástico es radiotransparente, es decir, invisible en una radiografía, sobre todo si se halla dentro de los tejidos, como era el caso de Pierre. No había ni la más mínima posibilidad de que el tenedor apareciera en la placa. Por el contrario, la radiografía reveló unas monedas en el duodeno, la primera parte del intestino delgado, un lugar donde ya no tenía sentido ir a recuperarlas. El médico creyó que eran esas monedas, de tamaño considerable, las que habían provocado lesiones superficiales en el esófago, provocando un dolor que se le pasaría pronto.

En ningún momento imaginó que pudiera ser cierto lo de tragarse un tenedor y que todos esos estudiantes claramente borrachos estuvieran diciendo la verdad. Le dio el alta a Pierre y lo mandó a casa.

Al cabo de unos días, con la pared ya perforada, el dolor realmente remitió, aunque dejó de poder comer muchas cosas, sobre todo sólidos como la carne o incluso simples pedazos de pan. Es increíble que no volviera a consultar a un médico después de eso, pero la realidad es que no lo hizo.

Por supuesto, se juzgó la responsabilidad del médico de urgencias en los tribunales y el veredicto determinó que había habido mala praxis al no realizarse una gastroscopia, prueba que consiste en introducir una cámara en el esófago y el estómago para ver si hay lesiones y hacer biopsias. Esta prueba habría permitido detectar el tenedor e incluso extraerlo.

Una muerte muy triste para un chico alegre que disfrutaba al máximo de la vida. Dudé en contar aquí esta historia, pero, como ya he publicado un artículo científico al respecto, muy bien recibido en el mundillo forense por su excepcionalidad, decidí hacerlo de todos modos. Con ello, persigo también el objetivo de que Pierre no haya muerto en vano, para que no se repitan situaciones como esta. ¡Ya es demasiado corta la vida como para abreviarla todavía más por algo así!

A menudo se ignora el hecho de que la digestión comienza

en la boca. El objetivo de la digestión es reducir los alimentos a partículas suficientemente finas para que pueda absorberlas el intestino de modo que, sobre todo, las utilicen las células del organismo, como fuente de energía. Para ello, en primer lugar los dientes rompen los alimentos mecánicamente, los trituran, desmenuzan, perforan y desgarran y a continuación comienza la actividad química, también en la boca, con enzimas que permiten degradar las cadenas de glúcidos (azúcares).

Cuento todo esto para que tengan presente que masticar la comida no es opcional, sino algo necesario de cara a facilitarle la tarea al estómago, donde se libera ácido clorhídrico para degradar los alimentos y volverlos semisólidos.

La secreción de ácido clorhídrico es considerablemente mayor cuando los alimentos están poco degradados, esto es, poco masticados, pudiendo llegar a provocar molestias como úlceras por un exceso de secreción de ácido clorhídrico; digestión lenta, pues la comida se demora más tiempo en el estómago; o cansancio, por citar solo los más comunes.

Aunque los hay peores que los que mastican poco: están los que no mastican en absoluto y se tragan enterito el pedazo de carne.

Es una patología forense típica que llamamos «síndrome del glotón». En esta ocasión, nuestro glotón se sentó a la mesa de un restaurante para una cena de negocios. Había pedido carne poco hecha, como todos los auténticos amantes de la carne, y empezó a comer. En medio de una encendida conversación, quiso tomar la palabra, pero se le atragantó un pedazo de carne tan grande que se quedó atascado en la garganta. Tras un rato asfixiándose, incapaz de toser, puesto que con la garganta bloqueada no entraba aire suficiente para hacerlo, perdió el conocimiento y murió antes de que llegara la ambulancia.

Es una muerte completamente evitable gracias a una sencilla técnica que es esencial conocer. Se trata de la maniobra de Heimlich, que consiste en rodear a la persona desde atrás con los brazos alrededor del abdomen y presionar con mucha fuerza, generando una hiperpresión que se comunica al tórax y en la mayoría de los casos permite expulsar el tapón de comida.

Es una muerte absurda y que se puede esquivar, pero típica de restaurantes y residencias de ancianos. Me parecía importante mencionarlo en el contexto de la historia que les contaba, otra historia de trastornos de la conducta alimentaria, por así decir.

INSTINTO BÁSICO

¿Quién no ha visto esta película, todo un fenómeno desde su estreno en 1992, con Michael Douglas y una deslumbrante Sharon Stone en los papeles principales, aunque lo que recordemos sea el famoso interrogatorio a esta última, más que el argumento en sí?

—¿Doctor? Tenemos un asesinato por arma de fuego. Ya he avisado también al experto en balística.

El experto en balística es Jean Jamar, el exinspector de la policía municipal que ya les he presentado. Hacemos el camino juntos. Viajar con Jean puede ser bastante agotador, pues se dedica sistemáticamente a criticar mi manera de conducir. No me cabe duda de que no soy el mejor conductor del mundo, de acuerdo, pero con Jean tengo la impresión de estar haciendo el examen de conducir con un examinador superpuntilloso. «Vas muy rápido, vas muy lento, cuidado con el semáforo, tiene prioridad el de la derecha», y ni hablar de saltarse los límites de velocidad, que es lo que más me cuesta.

Después de hora y media de autovía, llegamos al lugar indicado. El cuerpo se ha hallado en la primera planta de una casa típica de las Ardenas, construida completamente con piedra de la región. En cuanto entro, voy directo a la habitación donde se encuentra el cadáver. La policía científica ya ha hecho las fotos y tomado las muestras, por suerte para mí, pues esta tarea tan necesaria puede llevar fácilmente dos horas.

Jean me pisa los talones, dándole vueltas a qué arma se habrá utilizado. El arma no está en la escena del crimen, lo que complica considerablemente las cosas, pues es un serio indicio de asesinato. Hasta el momento nunca he visto a un suicida por arma de fuego al que se le ocurriera volver a colocarla en su sitio antes de morirse.

Como siempre, la entrada de la habitación parece una tienda de bocadillos a mediodía: hay una cola de policías y funcionarios judiciales impacientes por entrar y ver el cuerpo. Al fin y al cabo, a eso han venido: a ver el cuerpo y el lugar de los hechos. Para ellos, es parada obligatoria. No hace falta que sea mucho rato, pero ver la escena del crimen es mucho más eficaz que cualquier foto o descripción posible.

Lo bueno de ser forense es que a uno lo esperan con mucha impaciencia e interés para que haga las primeras constataciones en lo relativo al cadáver, es decir, para que brinde los primeros elementos del expediente, una primera estimación de la causa y el momento de la muerte.

El cuerpo corresponde a un hombre maduro, de unos cincuenta años según mis cálculos, caucásico, de altura y complexión medias, vestido con un albornoz bajo el que está totalmente desnudo. También lleva zapatillas de andar por casa sin calcetines. Presenta una calvicie avanzada y las manos cuidadas, sin asperezas, con las uñas limpias y enteras, lo que quiere decir que no es un trabajador manual. Muestra un sobrepeso típico de la edad. No tiene el perfil de un alcohólico, pero no debe de hacer deporte.

Como solo va vestido con un albornoz, es muy probable que conociera bien al autor del crimen y mantuviera una relación sentimental, o sexual en su defecto, con esa persona.

Preside la mesa una botella de champán todavía cerrada, sumergida en una cubitera con agua, aunque sin hielo, junto a otra cubitera llena también de agua, con unas pinzas y un picahielo al lado. Por tanto, antes había hielo, que ha tenido tiempo de derretirse mientras se descubría el cuerpo.

Sin embargo, la cama no está deshecha, algo poco lógico en estas condiciones. Se podría pensar que estaba esperando que se produjera una relación, sentimental o sexual, pero que no pasó nada.

Dadas las circunstancias, propongo que lo llamemos Romeo. Me enfundo el traje de protección, el famoso Tyvek. Nunca me ha gustado llevarlo, pero es indispensable en el contexto de una operación policial cuando la científica todavía no ha terminado del todo su trabajo y aún podrían encontrarse indicios en el cuerpo de la víctima. Parezco el Hombre de Malvavisco, es poco favorecedor, aunque desde luego este no es momento para preocuparse de semejante cosa. De hecho, por esa razón las distintas series de CSI no muestran nunca a sus actores vestidos con el Tyvek, a pesar de que todos los técnicos de la escena del crimen lo usan en Estados Unidos. Encima, da mucho calor. El traje está diseñado para no atrapar ninguna fibra que pueda haber en el lugar de los hechos o sobre el cadáver, ni depositar tampoco ninguna propia, para lo cual la malla del tejido es tan apretada que no deja pasar nada. Al cabo de unos minutos, es una sauna. Además, siempre llevo una linterna frontal con la que iluminar bien la zona que voy examinando, algo imprescindible para no perderse ningún detalle.

El cuerpo se encuentra tendido de espaldas, con los brazos ligeramente abiertos. Se aprecia sangre en el albornoz a la altura de la región cardiaca. Al acercarme, descubro en efecto un orificio que sugiere el paso de un proyectil. Antes de empezar a desvestirlo, compruebo que no hay daños en la prenda ni ninguna otra lesión en las zonas visibles del cuerpo.

El siguiente paso es retirar el albornoz, pero me encuentro con la grave desventaja de que el cuerpo ya está rígido. Antes de nada, hay que romper la rigidez de los miembros superiores. Excepto en condiciones especiales, el cuerpo se vuelve rígido a las doce horas. La rigidez comienza a las dos horas *post mortem* en las mandíbulas y se va extendiendo poco a poco al conjunto del cuerpo durante las doce horas siguientes, para desaparecer al cabo de un periodo de veinticuatro a treinta y seis horas *post mortem*. Así que ya puedo establecer que la defunción ha tenido lugar hace entre doce y veinticuatro horas. Romper la rigidez de un hombre en buen estado de salud siempre supone un esfuerzo físico importante, puesto que hay que vencer la resistencia de los miembros, que depende de su masa muscular. Y este señor, aunque lejos de ser culturista, no deja de tener sus buenos músculos. Así que heme aquí tratando de movilizar las rigideces del cuerpo bajo la mirada divertida de todo un areópago de policías y funcionarios judiciales, hasta el punto de que me da la impresión de estar realizando una prueba de gimnasia delante de un jurado. Nunca falta alguno que suelta un «¿Qué, doctor? ¿Haciendo deporte?» o un «¿Qué tal esos músculos, doctor?», «Hoy no le va a hacer falta ir al gimnasio», «¡Empuja! ¡Empuja!».

Por fin tenemos a Romeo tal como Dios lo trajo al mundo, todavía tendido de espaldas. Efectivamente, presenta un orificio de paso de proyectil en la región cardiaca. De hecho, es un orificio de entrada perfecto, muy ilustrativo. Un agujero de 9 mm de diámetro rodeado de un collarete erosivo. No hay collarete de limpieza porque, seguramente, el proyectil se limpió al atravesar el albornoz antes de alcanzar la piel.

—¿Y bien, doctor?

—Señoría, hay sin duda un orificio de entrada de proyectil en la región cardiaca. Ahora voy a darle la vuelta al cuerpo para comprobar si tiene salida.

Antes de girar el cadáver, inspecciono con mucha atención su cara anterior, palpo el cráneo, los miembros, el tórax, la pelvis en busca de posibles fracturas y, al no encontrar nada, le doy la vuelta.

Romeo huele bien, se ha echado colonia. Un cadáver que huele así de bien es tan poco usual que merece la pena mencionarlo. Y además es otro elemento que aumenta la sospecha de que estaba esperando a alguien, y no precisamente para echar una partida de cartas. Pero ¿dónde está Julieta? Romeo estaba soltero desde que su mujer lo dejó por su mejor amigo, de quien Romeo, de manera bastante comprensible, se había distanciado a partir de entonces. Sin embargo, se había recuperado rápido. Al cabo de unos meses, empezó a salir con una mujer con la que no duró mucho, pues tenía ganas de libertad y no se veía en pareja. Según el vecino, Romeo había ido acumulando conquistas femeninas, Julietas, para desaprobación de la mujer del vecino, que les dice a los policías: «Algo así tenía que acabar pasando, con esa vida que llevaba», mientras mira a su esposo para que aprenda la lección en caso de que se le pudiera ocurrir hacer algo parecido. En circunstancias como estas, la mayoría de las veces son los maridos celosos quienes cometen actos semejantes, sobre todo cuando se trata de armas de fuego. Ignoro el motivo, pero los asesinatos por arma de fuego son más cosa de hombres que de mujeres, y comúnmente se observa que las mujeres no las utilizan demasiado. Puede que sea el marido o la pareja de alguna de esas mujeres quien haya cometido el asesinato, pero primero hay que encontrarla para establecer al potencial culpable.

El cuerpo se encuentra ahora tumbado bocabajo. Emprendo la búsqueda del orificio de salida, pero no como un perro loco husmeando por todas partes a la vez sin prestarle verdadera atención a ninguna. Comienzo el examen por la cabeza hasta llegar a los pies, después de los pies a la cabeza, y voy observando cualquier detalle relevante. Sin embargo, en el caso de Romeo, no hay nada relevante que observar, ni el más mínimo orificio de salida ni huella alguna de lo que sea, nada.

A veces sucede que un proyectil pierde velocidad al entrar en contacto con un hueso y, como la bala ha entrado por la zona anterior izquierda del tórax, puede ser que una o varias costillas la hayan frenado. En ese caso, el proyectil podría haber perdido suficiente energía como para no ser capaz de atravesar la piel. La piel es un tejido elástico resistente y no es raro encontrarse con proyectiles que dejan de tener la fuerza necesaria para atravesarla y quedan alojados en el tejido subcutáneo. Una simple incisión de bisturí junto al proyectil, no encima, para no hacerle marcas, basta para extraerlo. Así que palpo la espalda en busca de la bala, pero sin éxito.

Igual que ha podido perder velocidad, también puede haberla detenido un hueso. En ese caso, lo encontraré durante la autopsia. Como a todas luces se trata de un asesinato, la autopsia es obligatoria, no solo para establecer con certeza la causa de la muerte, sino también para encontrar el proyectil y analizarlo. Encontrar el proyectil es totalmente necesario para que el experto en balística pueda identificar qué tipo de arma se ha utilizado, o incluso el arma exacta, sobre todo cuando no se ha encontrado arma alguna en el lugar de los hechos ni ningún casquillo expulsado por el disparo. La ausencia de casquillo en la escena del crimen puede explicarse de tres maneras: la primera, que no se haya buscado bien y siga esperándonos en alguna parte; la segunda, que el autor del disparo lo recogiera y se lo llevara; y la tercera, que no se utilizara una pistola, sino un revólver (el arma de Lucky Luke), que, en vez de expulsar el casquillo, lo almacena en el tambor.

Finalizo mi examen del cadáver midiendo la temperatura rectal para evaluar el momento de la muerte y tomando muestras de sangre y orina por si en algún momento el juez solicitara realizar algún examen toxicológico.

Cuando hay que desplazarse lejos del IML, las autopsias se hacen en algún sitio cercano al lugar de los hechos, ya sea en un hospital que tenga una unidad de anatomía patológica equipada con una sala de autopsias o en una funeraria que cuente con una. En el caso de Romeo, la autopsia tendrá lugar en una funeraria, porque el hospital local está teniendo problemas técnicos y no puede acogernos. No me viene muy bien, ya que necesito hacer un examen radiográfico para identificar la ubicación del proyectil. Es bastante complicado localizar la trayectoria de un proyectil dentro de un cuerpo, aunque sí es un poco más fácil cuando se trata del tórax en lugar del abdomen, pues los órganos torácicos son fijos, mientras que los intestinos son móviles, y es muy difícil volver a colocarlos en la posición en la que estaban cuando se efectuó el disparo. Por otro lado, normalmente el tiro no sigue una bonita línea recta, sino que se desvía.

Pero, en fin, no hay posibilidad de radiografía, habrá que conformarse sin ella. Es una trayectoria torácica, la más sencilla después de la craneal; no debería de haber problema. Comienzo mi autopsia en una sala excelente, muy bien equipada, superlimpia y, sobre todo, lo más importante para mí: con calefacción. Soy muy friolero y sufro una reacción un poco exagerada al frío. Esta patología me afecta a los dedos, que me empiezan a doler enseguida en contacto con el frío y se me agarrotan tanto que no puedo trabajar.

Me visto. Bata de cirujano y delantal azul con cierre en la espalda, luego otro delantal de plástico que cubre toda la parte anterior y, por último, un par de botas. Todo el material está dispuesto sobre una mesita: tijeras, pinzas, una sierra para escayola para abrir la caja craneal, bisturíes con diferentes hojas, y agujas e hilo grueso para coser el cuerpo una vez acabada la autopsia. Todo está listo.

Me acompaña uno de mis asistentes, porque siempre practicamos la autopsia de a dos para minimizar las probabilidades de que se nos pase algo por alto. Ya está todo el mundo allí: los funcionarios judiciales, los agentes, la científica. Así pues, puedo comenzar. El cuerpo está tendido bocabajo sobre la mesa. La científica fotografía el cadáver antes de la primera incisión, gesto que marca el principio de la autopsia. Nos enfrascamos en dos buenas horas de trabajo, tiempo medio que dura una autopsia cuando no hay ningún problema y los hechos son sencillos. Sin embargo, puede alargarse fácilmente hasta las tres o cuatro horas, o incluso mucho más si, por ejemplo, se hallan lesiones múltiples.

La primera incisión se extiende desde la nuca hasta la punta de las nalgas, luego a lo largo de la cara dorsal de los miembros inferiores hasta los talones. A continuación, pasamos el bisturí entre la piel y los músculos para despegar la piel de la espalda y las extremidades y dejar al descubierto una posible lesión que no fuera visible durante el examen externo. Además, lo que estoy buscando principalmente es el proyectil en el tejido subcutáneo, pero no hay proyectil a la vista y tampoco ninguna lesión de otro tipo. Así que suturamos las incisiones que hemos hecho en el cuerpo y lo cerramos. Después, lo giramos para colocarlo bocarriba.

La segunda incisión parte de la barbilla y llega hasta el pubis pasando por el cuello, el tórax y el abdomen, mientras que una tercera va de un hombro a otro recorriendo el relieve de las clavículas, de manera que se cruza con la segunda a la altura del esternón. Si les gusta ver series tipo CSI, se darán cuenta de que no son las mismas incisiones que hacen los norteamericanos, que no prolongan la segunda incisión por el cuello. Hacen una especie de «Y» desde el pubis hasta el esternón y de un hombro a otro sin tocar la región del cuello. En Bélgica y Francia utilizamos una técnica que tiene la clara ventaja de ofrecer un mejor acceso al cuello y mayor visibilidad de esta zona, que merece un cuidado especial debido al riesgo de que un estrangulamiento que haya dejado señales leves pueda pasar desapercibido como causa de la muerte. Tendré ocasión de volver sobre este tema en el próximo capítulo.

Tras realizar estas dos incisiones, retiro la piel, es decir, la voy despegando de los músculos que se encuentran justo debajo para comprobar que no haya alguna lesión profunda. A continuación, en la zona del cuello, voy separando los músculos uno a uno en busca de lesiones que pudieran revelar un traumatismo, por ejemplo, algún signo de estrangulamiento. Después, abro el tórax y observo las cavidades pleurales, que rodean los pulmones. Normalmente, dentro solo están los pulmones y un poco de líquido, pero en el caso de Romeo, la cavidad pleural izquierda contiene una cantidad considerable de sangre, un litro y medio, mientras que la derecha contiene un litro. Dos litros y medio de sangre suponen una hemorragia muy importante, mortal, pues el organismo ya no dispone de toda esa sangre que se encuentra en las cavidades y ha dejado de circular. No es muy grave en caso de pequeñas cantidades, pero dos litros y medio es una pérdida de sangre mortal que apunta a una muerte por hipovolemia. De todas formas, no podré afirmar expresamente que la hipovolemia sea la causa de la muerte hasta el final de la autopsia, cuando haya comprobado que no hay ninguna otra causa posible.

Tras inspeccionar las cavidades pleurales, paso a examinar el corazón y advierto que la membrana que lo rodea, el pericardio, tiene un agujero en el lado izquierdo. Abro el pericardio para dejar el corazón al descubierto y me doy cuenta de que está atravesado de un lado a otro. La bala ha de encontrarse pues en la columna vertebral o, más probablemente, en la región derecha del tórax, alojada en una costilla.

Prosigo la autopsia extrayendo el corazón y los pulmones, que deposito en la mesa de disección mientras mi asistente comprueba el estado del músculo del diafragma para asegurarnos de que el proyectil no haya pasado a la cavidad abdominal. No debería de haber seguido esa trayectoria, pero siempre es mejor comprobarlo. El diafragma está intacto y continuamos la autopsia por la cavidad abdominal y sus órganos.

La disección del corazón y los pulmones comienza con un examen externo previo a la apertura. El corazón aparece atravesado de un lado a otro, con un orificio de entrada en la pared anterior izquierda y una salida en la aurícula derecha. El corazón es una bomba aspirante-impelente que recibe la sangre procedente de todo el organismo por la parte derecha y la impulsa de vuelta a todo el organismo por la parte izquierda. Está dividido en cuatro cavidades, dos a la derecha y dos a la izquierda, cada una de ellas compuesta por una aurícula, por donde entra la sangre al corazón, y un ventrículo, por donde sale. Las partes izquierda y derecha se encuentran separadas por una pared llamada septum. Al abrir el corazón, advierto que la bala pasó por el ventrículo izquierdo, atravesó el septum hasta el ventrículo derecho y al final salió del corazón por la aurícula derecha.

Después, examino los pulmones, que, tal y como me esperaba, muestran huellas de perforación en el lado izquierdo, aunque nada en el derecho, algo que ya no me esperaba tanto. Teniendo en cuenta la trayectoria, la bala debería haber atravesado el lóbulo medio del pulmón derecho, pero está tan intacto como los otros dos lóbulos, el superior y el inferior.

Al mirar más de cerca, descubro otra anomalía: el orificio de salida del proyectil en la aurícula derecha parece casi la mitad de pequeño que el de entrada en el ventrículo izquierdo. Puede ocurrir, pero no con una diferencia proporcional tan grande.

Mi asistente termina la autopsia del cráneo mientras yo sigo buscando el proyectil en la zona derecha de la cavidad torácica, sin encontrarlo. Reviso todas las costillas, los espacios intercostales, la columna vertebral, las articulaciones que unen las costillas a la columna, nada. Con ayuda de una cuchara calibrada, sacamos los coágulos de sangre que se encuentran en la cavidad pleural para medir su volumen. Espero que al extravasar los coágulos no nos hayamos llevado el proyectil sin verlo. Así que ahí estoy yo, destruyendo todos los coágulos mientras voy comprobando el orificio de drenaje de la mesa de autopsia que, por desgracia, no tiene rejilla, o sea que no hay forma de retener un objeto tan pequeño como un proyectil. Ni hablar de utilizar un detector de metales, toda la mesa está hecha de metal. Los trabajadores de la funeraria en la que hacemos la autopsia tienen la amabilidad de desmontar el sistema de drenaje de la mesa con la esperanza de encontrar el proyectil en el sifón, pero sin éxito.

El asunto es un completo misterio hasta que uno de los agentes aventura una teoría que vio en un episodio de la serie CSI, en el que se utilizaba un proyectil de hielo que, tras atravesar los tejidos, se fundía con el calor y desaparecía. Lo dice de broma, porque estas series americanas están llenas de errores o aproximaciones científicas, pero me recuerda una historia parecida que le ocurrió a una forense que me dio clase cuando estudiaba y que lleva ya unos años disfrutando de su merecida jubilación. Bernadette, esta colega forense, era muy divertida; muy seria en su trabajo, pero siempre dispuesta a echarse unas risas, y nunca le faltaba una historia que contar. Entre ellas, la de la vez en que, en unas circunstancias similares que le hicieron pensar en un asesinato por arma de fuego, no era capaz de encontrar el proyectil. Habían desmontado también la mesa de autopsias e incluso se llevaron las partes del cuerpo a un hospital cercano para radiografiarlas, pero sin éxito.

Un agujero es un agujero. Puede haberlo producido cualquier tipo de objeto puntiagudo, uno de sección circular en el caso que nos ocupa. Lo que hace pensar en un tiro es el collarete erosivo, típico de los disparos con arma de fuego. Pero, en realidad, el collarete erosivo no es más que la prueba de que ha habido un rozamiento intenso en la periferia del orificio a causa del objeto que penetra. Aunque se observa sistemáticamente en el caso del paso de un proyectil, lo cierto es que también podría presentarse con cualquier objeto que se clavara en el cuerpo a suficiente velocidad. Ya he podido observarlo anteriormente en el contexto de una penetración torácica con un destornillador y con unas tijeras cerradas, clavadas a patadas en el tórax.

En la historia de Bernadette, el arma del crimen era un picahielo. Así que vuelvo al lugar de los hechos junto a la científica, rompemos el precinto que ya cubre la puerta principal de la casa, entramos en la habitación donde se encontró el cuerpo y…, milagro, ahí está el picahielo aguardando en la mesa, junto a las cubiteras de hielo y el champán. La científica lo incauta con todas las precauciones y lo deposita en un contenedor especial para poder manipularlo sin riesgo de alterar las pruebas. En la parte puntiaguda del picahielo se aprecian unas trazas minúsculas que podrían ser de sangre, y esperamos encontrar huellas dactilares en el mango.

Mi trabajo ha terminado y el de Jean ni siquiera ha llegado a empezar. La científica continuará con su investigación, que acabará demostrando que las trazas del picahielo son de sangre, mientras que el análisis de ADN revelará que la sangre pertenece a Romeo. Las huellas que en efecto se encuentran en el mango son parciales, pero lo bastante concluyentes para identificar a nuestra Julieta entre las tres sospechosas posibles. Está claro que Romeo gozaba de una salud excelente cuando murió.

La Julieta a la que desenmascaramos es una mujer casada y muy celosa. Había estado espiando a Romeo porque pensaba que no siempre le era fiel. Como no notó nada raro cuando lo vigilaba, al final se quedó tranquila, pero al visitar a Romeo la fatídica noche, entró en el baño y encontró un frasquito de perfume femenino que no era suyo.

Siempre me ha impresionado esa increíble capacidad de la que carecen los hombres. En cuanto empiezas a invitar a una mujer a casa por la noche, al cabo de un par de días ya ha dejado algún objeto muy discreto en el baño u otro sitio. Tú nunca lo has visto y ni buscándolo lo encontrarías. Pero invita a otra mujer en las mismas condiciones y lo encontrará, e instintivamente sabrá que no es de tu exmujer de la que acabas de separarte. ¡Estás vendido! Siempre me ha admirado esa capacidad increíble, sobre todo desde que no tengo que sufrir sus consecuencias.

Julieta montó en cólera. Romeo trató de defenderse alegando que el perfume era de su exmujer, pero sin éxito. Luego argumentó que daba igual si él veía a otras mujeres, puesto que ella tenía a su marido. Sintiéndose ultrajada, Julieta cogió el picahielo que tenía al lado y se lo clavó en el lado izquierdo del pecho. Luego volvió a dejarlo donde lo había encontrado, sin limpiarlo, y se fue.

¡Sharon! ¡Sal de ese cuerpo!

LA MANO AL CUELLO

Entre las patologías forenses más difíciles de evaluar hay que mencionar obligatoriamente las asfixias. La palabra «asfixia» viene del griego y significa «sin pulso». Según esta traducción, toda muerte sería una asfixia, y de hecho así es, puesto que la muerte se caracteriza por una parada prolongada del corazón que entraña la muerte de las células cerebrales por privación de oxígeno, a la que sigue un edema cerebral que ocupa tanto espacio que, aunque el corazón volviera a ponerse en marcha, impediría que la sangre llegara a la caja craneal. Además, de cara a poder extraer los órganos de una persona, el requisito para considerarla muerta fisiológicamente es que, según una angiografía cerebral, se haya detenido la perfusión sanguínea del cerebro. En esos casos, puede ocurrir que el corazón siga latiendo y los órganos sigan recibiendo sangre, pero el cerebro está muerto. Esa es la condición legal necesaria para la extracción de órganos.

Hay asfixias de todo tipo, clasificadas por diferentes autores en diferentes categorías que facilitan la tarea de abordarlas, pero lo fundamental en medicina forense es determinar si la asfixia es natural, provocada por el propio organismo, o se debe a la intervención de un agente externo, ya sea la propia víctima, un tercero o un accidente que no involucre a un tercero.

Elaborar un diagnóstico de asfixia a nivel forense es muy complicado y la mayoría de las veces acaba haciéndose por exclusión, es decir, que se sostiene debido a la ausencia de otra posible causa de la muerte. Como ya expliqué más arriba, este es el motivo principal por el que la autopsia siempre debe hacerse completa, para establecer con seguridad que no cabe sospechar otra causa distinta de la muerte.

Por otro lado, me he encontrado ya con varios casos en los que una persona con muy pocas lesiones en el cuello había fallecido por estrangulamiento manual mientras que otra, con toda una cohorte de ilustrativas lesiones en el cuello, estaba vivita y coleando. En realidad, no puede establecerse ninguna relación general entre la gravedad de las lesiones presentes y el deceso.

En este contexto, el diagnóstico de muerte por estrangulamiento manual, por ejemplo, solo puede hacerse por exclusión, ya que la gravedad de las lesiones no implica con seguridad que estas hayan causado la muerte. Las lesiones observadas implican que en efecto ha habido una agresión, pero no necesariamente que esa agresión haya provocado la muerte. En estas condiciones, la autopsia se vuelve indispensable para comprobar la magnitud de las lesiones, pero también para demostrar que son la única posible causa de la muerte. Sin embargo, la autopsia sola no basta. También hay que recurrir al análisis toxicológico de las muestras de sangre, orina, hígado y riñones, incluso del contenido estomacal y el pelo, con el objetivo de descartar que esa persona haya tomado o recibido medicamentos susceptibles de provocar una asfixia mortal por depresión respiratoria. Este es el caso de los suicidios o accidentes inducidos por la toma de medicamentos como las benzodiacepinas, que suelen recetarse para los trastornos del sueño. Normalmente, el análisis toxicológico es la etapa del proceso que pone todo el expediente patas arriba.

Para colmo, los servicios de emergencia, que normalmente actúan antes que nosotros, dejan o producen huellas que podríamos llegar a malinterpretar si no estuviéramos bien informados de qué tipo de intervención o acciones han llevado a cabo.

Como vemos, establecer una muerte por asfixia es extremadamente complejo y debe hacerse con la mayor precaución. Así las cosas, es muy fácil pifiarla. En un caso en que se sospechaba que un hombre había matado a su mujer por estrangulamiento manual, solicitaron mi opinión en base a unas fotografías, sin que yo me personara en el lugar de los hechos ni practicara la autopsia o asistiera a ella. El cuerpo presentaba unas cuantas lesiones irrelevantes y, principalmente, una infiltración hemorrágica detrás de la laringe. Este traumatismo lo podía haber provocado tanto una fuerte presión en el cuello como la intubación traqueal que le hicieron a la víctima al intentar reanimarla. Cuando se ven los estragos que son capaces de causar esos tubos, especialmente en las cuerdas vocales, queda claro que pueden llegar a ser muy lesivos. De hecho, se trata de un instrumento que entra en la categoría de «objeto contundente», es decir, capaz de provocar equimosis, hematomas o desgarros. Un equipo forense alemán que realizó una serie de estudios muy interesantes acerca de la intervención activa de los servicios de emergencia, un fenómeno reciente, concluyó que su actuación puede considerarse enemiga de la medicina forense cuando la víctima ha fallecido por asfixia. En el caso que les cuento, la versión del acusado se tenía perfectamente en pie si considerábamos la intervención de los servicios de asistencia sanitaria, sobre todo cuando el toxicólogo cambió de opinión y acabó afirmando que, después de todo, la medicación y demás sustancias tóxicas halladas en el cuerpo de la víctima en el momento de la defunción eran más que suficientes para provocar la muerte.

En estos casos, tenemos dos enemigos principales: los servicios de reanimación y la putrefacción, y por motivos muy distintos. Los servicios de reanimación porque producen lesiones que podrían malinterpretarse como acciones de un tercero, y la putrefacción porque elimina las lesiones que permiten diagnosticar la asfixia.

He perdido la cuenta del número de ahorcados, ahogados y suicidas por sobredosis de fármacos que he visto. Son las tres causas de muerte por asfixia más frecuentes. El ahorcamiento suele ser masculino, el suicidio con fármacos, femenino, y los ahogamientos no tienen género. Ya hablamos de los ahorcados y hablaremos también de los ahogados, así que no los mencionaré en este capítulo.

Morir por ingesta de fármacos no es cosa fácil, en contra de lo que podría creerse. Son pocos los que al final lo consiguen. Desde luego, no voy a dar aquí la receta necesaria para culminar semejantes actos, pero no es nada sencillo. La verdad es que, en la mayoría de las ocasiones, la ingesta de pastillas es más una llamada de auxilio que la expresión de una auténtica voluntad de morir, pero a algunos les sale mal y se mueren.

Una vez me convocaron como perito para el asunto de una mujer a la que había abandonado el marido a pesar de que tenía una niña de dos años, Justine. Hacía tiempo que las cosas no iban bien en la pareja y, según ellos mismos reconocían, habían tenido a la niña para tratar de mejorar su relación; una idea pésima, tener un hijo nunca es la solución. Así que pasó lo que tenía que pasar: Jean-Frédéric dejó a Anne-Sophie por otra mujer. Anne-Sophie cayó en una profunda depresión y tuvo que ir al médico, que le prescribió una medicación contra la depresión y pastillas para dormir.

En un momento de gran sufrimiento psicológico, abandonada a la melancolía, Anne-Sophie le dio la medicación a su hija Justine, pero enseguida se echó para atrás y llamó a los servicios de emergencia. La ambulancia se llevó a Justine al hospital y Anne-Sophie les explicó a los médicos lo que había hecho, amargamente arrepentida.

La policía, alertada por los servicios de emergencia, se presentó en el hospital y detuvo a Anne-Sophie por intento de infanticidio. Las cosas se precipitaron y Anne-Sophie acabó ante la *cour d'assises*. Durante mi comparecencia, el abogado de la defensa me preguntó si la vida de Justine había estado en peligro y yo respondí que no, puesto que Justine había llegado al hospital plenamente consciente, el lavado de estómago había permitido recuperar la inmensa mayoría de las sustancias ingeridas y, en todo caso, morir por benzodiacepinas es algo excepcional. El tribunal dictaminó que se trataba de una tentativa inviable y Anne-Sophie fue absuelta.

—Se tiró un pedo, señoría.

William se distinguía por un ser un buen chico. Dieciocho años, cabello revuelto, esbelto, delgado, un tipo guapo, experimentado jinete, que había acabado juntándose con los chicos malos de las carreras de hípica en las que participaba. Junto a dos de ellos, montaron un plan: esperarían a su víctima en el portal del edificio, la seguirían hasta el ascensor y entrarían con amenazas en su casa para robarle. Todo fue bien hasta que, en la puerta del apartamento, la señora a la que William y sus dos cómplices tenían amenazada se puso a gritar. William le tapó la boca con la mano a la vez que los cómplices le quitaban la llave y abrían la puerta. Una vez dentro, la derribó en el suelo del recibidor mientras seguía tapándole la nariz y la boca. En un momento dado, oyó que la mujer expulsaba gas y a continuación dejó de moverse. A William le pareció asqueroso, ¿cómo podía tirarse un pedo en semejante situación? Precisamente gracias a ese comentario pudimos atrapar a William y sus cómplices, pues el médico que acudió al lugar de los hechos había diagnosticado una muerte natural, con lo que no había llegado a arrancar la investigación, que no se abrió hasta mucho más tarde, cuando los pillaron por otra cosa y acabaron largándolo todo a la policía. La policía había terminado por relacionar este caso con unos cuantos más que seguían el mismo e invariable *modus operandi*, toda una seña de identidad.

Durante una asfixia, son frecuentes las emisiones de gases u orina o materia fecal. No es raro encontrarlas en casos de estrangulamiento y ahorcamiento. William había servido en bandeja la prueba de que la había matado por sofocación: la ventosidad.

Por otra parte, este es el fenómeno que da lugar a la creencia popular de que los ahorcados tienen una erección en el momento en que quedan colgados. Incluso podría quizá considerarse este el origen de la asfixia erótica, destinada a satisfacer una fantasía sexual. En realidad, un ahorcado no tiene una erección, es solo una enorme broma. Sin embargo, sí puede haber una expulsión de esperma cuando el ahorcado se encuentra en posición vertical. Se trata de un fenómeno asociado al relajamiento de los esfínteres que se produce *post mortem* de manera natural, en las horas posteriores a la defunción. Les ocurre a todos los muertos de sexo masculino, aunque prácticamente solo se ve en los ahorcados, pues gracias a la posición vertical del cuerpo, el líquido sale por gravedad.

—¿Doctor? ¿Podría acudir a la calle X? Es por una mujer que ha fallecido en la cama. Como discutía mucho con su pareja y solo tenía unos cuarenta años, me preocupa un poco.

La policía me está esperando junto a los de la científica, que aún no se han puesto a trabajar porque quieren asegurarse de que la intervención sea necesaria: al fin y al cabo, son fácilmente dos horas de faena para dos personas, pero es que además los servicios sanitarios han movido el cuerpo, con lo que su intervención se vuelve poco relevante. Marie-Émilie se casó con Xavier hace diez años y tuvieron dos hijos, pero su relación se tambaleaba desde hacía un tiempo, tanto que la policía había tenido que intervenir hasta en dos ocasiones en el mismo mes por diferentes golpes y heridas mutuos. Últimamente, la situación había empeorado aún más al descubrir Marie-Émilie que Xavier tenía una amante. A Marie-Émilie no le hizo ninguna gracia y le exigió a Xavier que abandonara la casa y se fuera a vivir con «la zorra esa». Pero él no tenía ninguna intención de hacerlo y la ignoró. Esto había ocurrido hacía dos días. Hoy por la mañana, al levantarse, Xavier fue a buscar el desayuno a la panadería de la esquina, como todos los domingos, y cuando volvió se encontró a Marie-Émilie muerta en la cama. Xavier llamó a los servicios de emergencia, que desplazaron el cuerpo hasta un lado de la cama, donde trataron de reanimarla inútilmente, como se demostró al cabo de unos minutos. La policía se presentó poco después que los de emergencias. Conocían bien a la pareja porque habían tenido que intervenir la semana anterior, cuando trasladaron a Marie-Émilie a un hospital donde redactaron un parte de lesiones.

La casa está totalmente ordenada, cada cosa en su lugar, ni una mota de polvo en los muebles; es como si no viviera nadie en ella o fuera una casa piloto para una familia modelo. El cuerpo de Marie-Émilie está en su habitación, en la segunda planta. Su ropa está ordenada, bien doblada al pie de la cama.

Los agentes me explican que los servicios de emergencia encontraron a Marie-Émilie acostada de espaldas, en pijama, cubierta por un edredón hasta la altura del tórax, con los brazos tapados.

Antes de tocar el cuerpo, advierto una gran mancha de orina bajo el cadáver. Cuando la muerte es claramente sospechosa, como en el caso de Marie-Émilie, pero hay que asegurarse bien antes de sacar la artillería pesada (juez y policía judicial), se solicita el examen paso a paso del forense. En realidad, podría parar aquí, pues el rastro de orina es en sí mismo lo bastante preocupante para poner en marcha todo el dispositivo de la escena del crimen: su presencia sugiere un síndrome asfíctico. Sin embargo, voy un poco más allá, primero solo de forma visual, y descubro una cianosis perfecta, síntoma de asfixia, para constatar luego la ausencia de petequias, lo que casi con seguridad descarta la posibilidad de una estenosis* del cuello, manual o con ligadura. A continuación, le separo los labios con los dedos y, en la cara interna, advierto la presencia de equimosis.

Listo. Falta realizar la autopsia y el análisis toxicológico para excluir cualquier otra causa; si ambos exámenes se revelan negativos, se trata de una muerte por sofocación. El autor del crimen debió de colocarle un cojín, una almohada o cualquier otro objeto blando a Marie-Émilie en la boca y la nariz, provocando la asfixia que dio origen a la cianosis y al relajamiento del esfínter de la vejiga.

Se despliega un dispositivo policial, la investigación se pone precipitadamente en marcha, y Xavier lo confiesa todo. Hay que decir que estaba arrinconado, pues se había demostrado que se había producido un asesinato ¡y en semejantes circunstancias solo podía haberlo cometido él!

---

* Acción de apretar, realizar una constricción.

Las lesiones gracias a las que pude diagnosticar la causa de la muerte son mínimas, pero determinantes. Seguramente hubieran pasado desapercibidas para cualquier médico que no fuera forense, y no me extraña.

POR HABLAR DEMASIADO

Fin de la jornada laboral, hacia las cinco de la tarde. Desde que existen los *bistrots*, allí acuden los hombres después del trabajo. Siempre me ha parecido peculiar que sea una costumbre solo de hombres.

«Bistrot», una palabra que proviene de cuando los rusos tomaron París en 1814, significa «rápido». Como tenían poco tiempo, los soldados ocupantes le ordenaban gritando al camarero que les llevara rápido la bebida. Aunque la etimología es incierta, me gusta esta historia. Si se acercan a Montmartre, en París, en la place du Tertre encontrarán un restaurante llamado Chez la Mère Catherine que tiene una placa en la fachada roja recordando este acontecimiento. La colocaron para celebrar el 180.º aniversario del descubrimiento de esta palabra por parte de los parisinos.

Allí estaba Claude, como todos los días, e incluso más a menudo desde que murió su esposa. El pobre Claude la encontró al volver del trabajo, muerta de un tiro en la boca con el arma que él guardaba desde hacía años en el cajón de su mesita de noche, un arma vieja que había pertenecido a su padre y que nunca había declarado.

Llamó inmediatamente al 112 y siguió todas las instrucciones que le dieron. Le tomó el pulso y le pareció que no tenía, así que la tumbó en el suelo y comenzó a hacerle el masaje cardiaco. Mientras se esforzaba por reanimarla, apareció la ambulancia. Con los servicios de emergencia llega realmente un trocito de hospital: médico, enfermero, conductor, más dos paramédicos con un instrumental imponente. Intentaron reanimarla, pero sin éxito. También llegó la policía, aunque Claude ni se dio cuenta. El médico de urgencias rellenó un documento que constataba la muerte, pero no el modelo IIIC, que es el único formulario útil y válido para certificar la defunción de manera eficaz, y que debe firmar obligatoriamente un médico. El médico de urgencias se negó diciendo que, al tratarse de una muerte violenta, se salía de su competencia y había que avisar a un médico forense, algo totalmente cierto.

Pero los agentes, antes que tener que esperar durante por lo menos una hora a un forense, le pidieron a un vecino médico de Claude que rellenara el documento. El médico se acercó a la casa, observó el cuerpo sin desvestirlo y dedujo, por un sangrado en la nariz, que la bala debía de haber atravesado la boca y fracturado la base del cráneo, provocando la hemorragia, todo ello sin palpar la boca con el dedo para verificar su hipótesis.

Solo faltaba llamar al fiscal adjunto, que quedó plenamente satisfecho con las explicaciones de los policías, y decidió «entregar el cuerpo a la familia», según la fórmula habitual que utilizamos, que quiere decir que la investigación ha terminado y el expediente debe estar en su mesa al día siguiente.

Desde el día en que volvió al trabajo, Claude se pasa todas las tardes en el bar, donde bebe cada vez más. Ya no hay nadie esperándolo en casa, nadie que le diga que se ha hecho un poco tarde y se ha pasado un poco con la bebida.

«Pero no es alcohol de verdad, es cerveza». ¿Cuántas veces habré escuchado a alcohólicos redomados con una obesidad troncular evidente decir eso? Obesidad troncular es el término que utilizan los médicos para referirse a la bien llamada «barriga cervecera», ese barrigón colocado sobre dos piernas de cerilla tan típico del bebedor de cerveza.

Claude está en la barra charlando con un compañero de desventuras, bebiendo una cerveza tras otra, cuando entra Paul en el bar. Paul ha tenido un día terrible y aún le quedan dos horas para ir a recoger a su hija pequeña, que está en la piscina de enfrente. Así que decide ir a tomarse una cerveza, se lo merece.

La gente puede ser muy pesada, sobre todo cuando empiezan a quejarse por cualquier cosa. Hoy se han coronado, entre el señor que se quejaba de que el vecino le mea en la valla y la señora que se quejaba de que el perro del vecino hace sus necesidades en la acera: todo historias apasionantes. Paul es policía y hoy le ha tocado atender en la recepción de la comisaría, un auténtico circo. En cuanto se quitó el uniforme, fue a llevar a su hija a la clase de natación sincronizada.

Paul se sienta a la barra, pide su cerveza y se la bebe poco a poco mientras escucha distraídamente la conversación de Claude. No se conocen. Claude, que ya va bastante achispado, está hablando con el vecino. La mujer de Claude ha fallecido, qué triste, «¿cómo sigues adelante después de algo así?»: la típica conversación sobre la viudedad.

Entonces Claude, con la confianza que da el alcohol, seguro de que el hombre que tiene delante es un amigo —es increíble lo que aumenta el número de amigos con el nivel de alcohol en sangre—, se pone a contarle que, en realidad, ha engañado a todo el mundo, porque fue él quien mató a su mujer mientras ella veía la tele sentada en su butaca. «No se enteró de nada, disparé por detrás y ni me vio».

Paul podría pensar que no es más que una conversación de borrachos, pero es un buen policía, con fama de concienzudo. Discretamente, le pregunta al dueño del bar quién es ese hombre que ha perdido a su mujer. Los dueños de los bares conocen bien a sus clientes habituales, incluso mejor que sus propias esposas, en general. El asunto inquieta a Paul. ¿Y si fuera cierto? Hablará de ello con el comisario, que es un hombre sensato y sabrá qué hacer. No pasa muy buena noche y al día siguiente va a ver al comisario, quien después de una breve búsqueda encuentra el expediente y convoca a los agentes que intervinieron en el caso junto a los servicios de emergencia.

Estos primeros intervinientes, como se les llama, relatan lo ocurrido: un marido derrumbado, un médico generalista que determina que el disparo entró por la boca y salió por la parte posterior del cráneo, un simple suicidio como otro cualquiera. Ya, pero el marido ha confesado haberla matado; bajo la influencia del alcohol, cierto, pero un borracho es tan dado a fantasear como a irse de la lengua. El comisario decide alertar al fiscal adjunto de guardia, que inmediatamente se toma en serio el asunto, tanto que lo remite al juez de instrucción.

—¿Doctor? Tengo un caso un poco especial, le cuento…

Así es como acabo interviniendo yo en esta historia. El juez me informa de que la señora lleva unos tres meses muerta y que tal vez eso nos dé problemas. Lo tranquilizo diciéndole que el paso transcraneal de una bala siempre deja marcas que pueden interpretarse meses e incluso años después, tanto tiempo como el cráneo resista a la descomposición, un periodo que va desde los dos años hasta la eternidad.

El juez se queda más tranquilo y da la orden de exhumar el cuerpo. El ataúd está un poco roto tras el enterramiento a un metro y medio o dos de profundidad, como ocurre siempre debido al peso de la tierra, que los aplasta. Los de la funeraria, que como mínimo tienen tanto estómago como nosotros, abren el ataúd y extraen el cadáver, siga o no envuelto en su funda de plástico especial que se desintegra en la tierra.

Lo colocamos en la mesa de autopsias y abrimos la funda para sacar el cuerpo. Lo primero que hay que hacer es desvestir el cadáver para poder examinarlo adecuadamente. Presenta el nivel de descomposición habitual para una temporada de tres meses bajo tierra, pero el orificio causado por el proyectil todavía se aprecia bien. Se encuentra en la zona occipital derecha, es decir, en la parte posterior de la cabeza. La putrefacción ha hecho su trabajo y ya no se distinguen las características que diferencian un orificio de entrada de uno de salida.

Trato de hallar otras lesiones, sin éxito. Busco, sobre todo, otro orificio entre las suturas craneales, pero no encuentro nada. Inspecciono en particular el paladar óseo, es decir, el techo de la boca. Fuera de la autopsia, que aún no he comenzado, esta zona solo es accesible por palpación. Al palparlo, no percibo agujero alguno, pero podría deberse a la descomposición; a mis guantes, un poco más gruesos que los que suelo llevar para un cadáver fresco, o incluso al bajo calibre del arma utilizada, 22, que deja orificios muy pequeños, de menos de seis milímetros de diámetro.

El paladar óseo parece intacto, así que cabe suponer que el proyectil no ha entrado por la boca. Si se confirma esta observación, quiere decir necesariamente que el orificio craneal, el único visible, es un orificio de entrada. En ese caso, la bala debería seguir alojada en el cerebro.

Para averiguarlo, antes de abrir el cráneo, prefiero hacer una radioscopia, técnica que permite ver la imagen radiográfica en pantalla sin tener que sacar una instantánea. En la sala de autopsia contamos con un equipo de radiografía que nos evita tener que trasladar los cuerpos a un hospital, por no hablar de que no creo que ningún hospital aceptara hacerle radiografías a un cuerpo descompuesto, sobre todo a causa del persistente olor que deja.

Siempre procedo de la siguiente manera: primero compruebo por radioscopia la presencia de proyectiles, ubico el lugar en que se encuentran, y luego voy a buscarlos. Es mucho más sencillo que lanzarse a ciegas. La gente tiende a pensar que un proyectil entra y sale prácticamente haciendo un túnel o, como mínimo, trazando una bonita trayectoria rectilínea, siempre fácil de localizar, como en los dibujos animados.

Bueno, ¡pues desengáñense! Hagan caso al experto: más vale saber dónde se encuentra el proyectil que arriesgarse a tener que rebuscar o a no encontrarlo en absoluto en el caso de disparos múltiples. Un proyectil puede llegar a seguir una trayectoria asombrosa en función de su naturaleza y la velocidad que lleva, sobre todo si algún hueso lo desvía.

En el caso de disparos múltiples, es un auténtico quebradero de cabeza tratar de reconstruir las trayectorias exactas y determinar qué orificio de entrada va con qué orificio de salida o con cuál de las balas que se han quedado dentro del cuerpo.

Pongo en marcha el equipo radioscópico, con eje en el cráneo y, bingo, se aprecia perfectamente un proyectil en la caja craneal, justo detrás del ojo izquierdo. Ahí está la solución. El orificio de proyectil en la zona occipital es por tanto de entrada y no de salida, como determinó el médico. Y una entrada occipital es definitivamente incompatible con un suicidio. ¿Quién se pone el arma casi en la nuca para suicidarse?

En cuanto al sangrado de la nariz que indujo a error al médico encargado de firmar el certificado de defunción, la autopsia revela que, por la trayectoria del proyectil, este fracturó la base del cráneo, provocando ese sangrado que lo llevó a pensar en un disparo en la boca.

En medicina forense no se trata de «pensar que», algo que

puede hacer todo el mundo, sino de demostrar. Eso es lo que da razón de ser a nuestra especialidad.

Por lo que a mí respecta, la cosa está clara. Solo queda hacer la autopsia por si hubiera otras lesiones, como golpes o marcas de ataduras, y para recuperar el proyectil, imprescindible de cara al obligado estudio balístico.

Más le habría valido a Claude no beber tanto y, sobre todo, hablar menos. Habría sido el crimen perfecto. Estas historias tienen su gracia cuando uno las lee en una obra como esta. Pero dejan de tenerla cuando nos damos cuenta de que el asesino podría «haberse ido de rositas» por no haberse dispuesto los medios necesarios desde un principio.

No hay que culpar a la policía, pues no existe una orden ministerial que obligue al examen sistemático de las personas fallecidas con violencia. Pero es increíble que el Ministerio de Justicia no se ponga las pilas en la tarea de sacar a la luz asesinatos, que pasarían mucho más difícilmente desapercibidos con la intervención de un forense. En su lugar, el ministerio prefiere cargarle el muerto a los médicos generalistas u otros médicos de guardia que se plantan frente al cadáver sin saber cómo hacer el examen, pues no son expertos. No podemos culpar a un médico generalista por haber pasado por alto un asesinato poco evidente cuando esa no es su especialidad.

Suelo decir que «la práctica hace al maestro». Que no me pidan que atienda a un paciente, sea cual sea la enfermedad. Ya no sería capaz, porque desde hace treinta años mi trabajo se limita al peritaje de vivos y el examen de muertos, y no he tratado a nadie.

Hace tiempo, les prescribí un medicamento a mis padres, y el farmacéutico tuvo que llamarme para decirme que no existía desde hacía más de quince años. Atender enfermos no es mi trabajo, igual que no es el trabajo del médico de guardia, sea generalista o no, examinar un cadáver.

En más de una ocasión he hablado abiertamente de ello con diferentes personas del Ministerio de Justicia. No ha sido más que una pérdida de tiempo. El ministerio no sigue una lógica de justicia, sino una lógica económica. Tanto es así que, tras explicar la cantidad de asesinatos que podríamos sacar a la luz y que, de otra manera, pasarían desapercibidos, vulnerando el Estado de derecho, tuve que escuchar: «Pero, señor Boxho, ¡es que ya tenemos las cárceles llenas!».

EL COMPLOT DE LAS MUJERES

«Mi tía ha matado a mi tío». Con estas palabras comienza Teresa su declaración. Teresa es una mujer pequeña de origen italiano, cuyos padres se trasladaron a Bélgica antes de que ella naciera. Más tarde, la hermana pequeña de su padre, Filomena, a la que sus abuelos tuvieron ya muy mayores, se fue a vivir con ellos, y la madre de Teresa las crio a las dos juntas. Tienen prácticamente la misma edad, se llevan solo dos años. Crecieron como hermanas, compartiéndolo todo, y la vida tampoco las ha separado, pues ahora son casi vecinas. Teresa se casó primero, pero se quedó sola cuando su marido la dejó por otra mujer, una amiga suya. No lo vio venir. Filomena, a quien por el contrario le habría gustado mucho que su marido se fuera con otra, siempre estuvo a su lado, tanto en esos momentos difíciles como en los demás.

Pero ¿qué mujer habría querido estar con el marido de Filomena? Mario era un italiano guapo, amable y atento. Se habían conocido quince años atrás en la feria del barrio. Él quería formar una familia y tener hijos. A Filomena le parecía el hombre ideal; a Teresa, un poco soso. Seis meses después de conocerse, Filomena y Mario decidieron unir sus destinos en lo bueno y en lo malo, como suele decirse. Lo bueno duró poco y rápidamente llegó lo malo. No pudieron tener hijos a causa de una disfunción de Mario, que tampoco la fecundación *in vitro* pudo solucionar. ¡Menuda decepción! Durante un tiempo se plantearon la adopción, pero acabaron desistiendo ante unas dificultades administrativas que se veían incapaces de superar. Mario se sentía culpable; la esterilidad había afectado a su virilidad para siempre. Y además ahí estaba Filomena para recordárselo cada vez que tenía la oportunidad, cada vez que se peleaban. Porque peleas no faltaban. De hecho, se habían vuelto cada vez más frecuentes. Mario fue dejando de cuidarse y su aspecto empeoró. Calmaba la angustia con la comida. Empezó a comer demasiado y demasiada azúcar. Le chiflaban esas chucherías que se ponen delante de las cajas del supermercado. Ni siquiera hay que ir a buscarlas; ahí están esperándonos cuando pasamos por caja. Son una auténtica incitación a consumir comida basura.

Mario, que había sido un hombre tan atractivo, se volvió obeso. En un chequeo médico del trabajo le hicieron un análisis de sangre y le dijeron que tenía principio de diabetes y que debía consultar a su médico. «Diabético»: la palabra sonaba como un castigo por tantos años de comida basura y abuso de azúcar. «Te iba a acabar pasando, con toda la porquería que comes», le gritó Filomena como tan bien sabía hacer. Mario no tenía médico de cabecera y Filomena encontró al doctor Patrick por recomendación de unos vecinos que estaban muy contentos con él.

Pidió cita para Mario con el doctor Patrick y decidió acompañarlo. Quería asegurarse de que Mario no iba a edulcorar la verdad sobre sus hábitos alimentarios. El doctor Patrick era un hombre encantador, simpático; no era guapo, pero tenía un encanto especial. Filomena tardó un momento en recuperar la compostura cuando lo vio. «Le entró por los ojos», según diría después. Filomena comenzó a hablar en lugar de Mario y no olvidó contarle ni un detalle al doctor. Si Mario pudo decir tres frases, ya es mucho. Entre los médicos conocemos bien a este tipo de esposas, que de amantes pasan a convertirse rápidamente en madres del marido. Le preguntas algo al marido y la que te contesta es la mujer. La mayoría de las veces, el marido ni siquiera abre la boca, acostumbrado como está a que su mujer lo haga por él. Siempre me ha dado la sensación de estar en una consulta veterinaria: «A ver, perrito, ¿qué te pasa?», pregunta el veterinario mientras se gana al perro con una caricia, pero quien responde, evidentemente, es el dueño. Pues lo mismo ocurre con parejas como la de Mario y Filomena. O incluso peor, porque hay esposas que llegan a niveles insospechados y hasta mandan callar al marido. Mario salió de allí con cita para una nueva analítica y Filomena con un flechazo por el doctor Patrick, al que estaba decidida a volver a ver.

Entonces, Filomena puso en marcha una auténtica investigación policial. Primero, por Facebook. Está claro que Facebook es una mina de información, y no solo para Filomena, sino también para Hacienda, que puede enterarse del tren de vida que llevas, y para tu jefe, por si quiere comprobar que no te hayas ido de vacaciones con lo enfermo que dices que estás. En una época en la que se habla de respetar la vida privada más que nunca, Facebook podría considerarse una web de *voyeurs* y exhibicionistas a contracorriente.

En Facebook, Filomena encontró unas fotos del doctor de vacaciones y pensó que no le sentaba nada mal el bañador, con esa barriguita incipiente de los cuarenta. No aparecían mujeres ni niños, por lo que Filomena dedujo que debía de ser soltero y sin hijos, lo que la dejó un poco preocupada. Un cuarentón soltero y sin hijos no parece el tipo de hombre con una vida plena y realizada, pero bueno, qué se le va a hacer. Filomena decidió que iría a su consulta la semana siguiente por un inexistente dolor de cabeza. ¿Cuántas veces habría utilizado la excusa del dolor de cabeza para cortar las insinuaciones de Mario? Por una vez, el falso dolor de cabeza iba a servir justo para lo contrario.

Para acudir a su cita, Filomena se puso una falda bastante corta que dejaba al descubierto sus piernas, todavía bonitas, y un top ajustado con el que su copa B parecía una auténtica C. Es una mujer muy guapa y, por primera vez en mucho tiempo, iba a demostrarlo. Mario, apoltronado frente al televisor cuando Filomena salía, no se dio cuenta de nada. La consulta fue muy bien, el doctor le sonrió todo el tiempo y a Filomena incluso le dio la impresión de que se quedaba más tiempo con ella que con los dos pacientes anteriores. Hay que decir que Filomena se había presentado en la consulta mucho antes de la cita que le había dado la secretaria del médico. El doctor la atendió y, al tocarla en el abdomen, ella se estremeció levemente. Esperaba que no se hubiera notado. El doctor tenía las manos secas y calientes, tan suaves y diferentes de las manos de trabajador de su marido. Al finalizar su examen, el médico le dijo que no tenía nada grave, algo que no la sorprendió puesto que no tenía nada en absoluto. Le mandó unos analgésicos y, como Filomena le había dicho que desde hacía un mes los dolores iban en aumento, una resonancia de cabeza. Lo de la resonancia no era mala idea, pues le daba la excusa perfecta para volver a verlo, aunque no sería hasta dentro de mucho tiempo: una resonancia no es como una radiografía; hay lista de espera y Filomena no tenía contactos para que se la hicieran de urgencia. ¡Una urgencia! Buena idea. Filomena fue a urgencias por un terrible dolor de cabeza y contó que su médico ya le había mandado una resonancia, pero que la lista de espera era muy larga. Ningún problema, el médico de urgencias se ocupó de todo. Dos horas más tarde, Filomena se encontraba en la máquina de resonancia. Nunca le había alegrado tanto que le hicieran una prueba médica. El resultado fue claro: no le pasaba nada y podía irse a casa en cuanto le quitaran la vía con potentes analgésicos que le habían puesto. «¿Mi médico recibirá los resultados?».

«Sí, señora, y usted también. Aquí está el código de acceso».

Al día siguiente, Filomena estaba ella sola en la sala de espera del doctor. Había cogido la última cita del día con la esperanza de que no llegaran más pacientes o alguna urgencia.

Con sus vaqueros y su blusa ajustados, entró en la consulta. Esta vez, el médico se fijó en ella. Filomena vio en sus ojos que le gustaba. Se daban todas las condiciones: ella lo deseaba a él, a él le gustaba ella, no quedaban más pacientes después, y la secretaria ya se había ido. Estaban los dos solos en el mundo. Esta vez no podía fallar. El médico se le acercó para auscultarla, parándose frente a ella. El corazón de Filomena latía cada vez con más violencia, a punto de estallar de la tensión. Le puso el estetoscopio en la piel y ella sintió el calor de su mano a pesar de que no la estaba tocando. Filomena no pudo aguantar más y lo cogió por la cabeza con las manos alrededor de la nuca, lo atrajo hacia sí hasta que sus labios se tocaron y lo besó. Tras un primer momento de sorpresa, Patrick, cuya primera reacción había sido recular, se dejó hacer e incluso se animó a ponerle una mano en el pecho. Filomena no cabía en sí de alegría. Quería más, él también, y ahí estaba la camilla para utilizarla.

Así empezó todo. De lo que podría no haber sido más que una aventura, surgieron dos amantes que se amaban de verdad. El único obstáculo en el horizonte: Mario. Durante un tiempo, verse después de las consultas les había parecido una buena solución, pero no era sostenible a largo plazo. Había que encontrar la manera de verse más, de ir a un restaurante, al cine, hacer un viaje. La falta de libertad de Filomena era todavía más frustrante por el hecho de que Patrick, aparte de sus pacientes, que de vez en cuando podían resultar un poco caprichosos, era libre como el viento. Patrick propuso que Filomena se divorciara, pero ni hablar: en una familia tan católica como la de Filomena uno no se divorcia. «¿Entonces qué hacemos, Filomena? Tampoco lo vamos a matar, ¿no?». Filomena, sorprendida, no respondió, pero se quedó pensativa…

Todo estaba preparado, hacía días que tenía listo hasta el último detalle. Sucedería esa noche. Las invitaciones se habían enviado hacía dos semanas y todo el mundo había respondido afirmativamente, iban a ser ocho. Estarían los vecinos, una pareja muy amable; Teresa; un par de amigos; Mario; Filomena, y… Patrick. Filomena le había contado el secreto a Teresa. La astuta de Teresa había notado en ella un claro cambio que solo podía deberse a algún hombre. No había sido muy difícil sonsacar a Filomena, que se moría de ganas de compartir su felicidad prohibida y ¿quién mejor para ello que Teresa, su sobrina, su hermana, su confidente de toda la vida? Teresa no vio mucho problema en que su tía se deshiciera del molesto Mario, que llevaba la vida de un mejillón y que a ella no le suscitaba mayor interés que el citado molusco. Teresa incluso comentó entre risas que los mejillones por lo menos servían para comérselos. En definitiva, lo mismo daba vivo que muerto.

Llegó la gran noche, todo estaba listo. Tomaron el aperitivo en la mesa. Las chicas habían tirado la casa por la ventana con el champán. Champán para celebrar la muerte de Mario. «Al menos, se divertirá una última vez, no somos tan malas», dijo Filomena. Después del aperitivo, llegó el plato principal: un cuscús que las dos mujeres habían cocinado con amor y emplatado en la cocina. No se sirvió en la mesa. «Que me mancha el mantel blanco», dijo Filomena. En la cocina, las chicas pusieron en el plato de Mario un medicamento que había traído Patrick, con el fin de que muriera durante la cena delante de todo el mundo. Teresa había machacado los comprimidos hasta reducirlos a un polvillo que escondió en un armario dentro de un bol para evitar que Mario lo encontrara o algún otro accidente. No lo sacarían hasta el último momento. ¡Y el momento había llegado! A Teresa no le tembló el pulso mientras vertía la mayor parte del medicamento convertido en polvo en el plato de Mario.

Mario se lo comió todo, pero, contra todo pronóstico, seguía vivo. Aún faltaba el postre, una tarta con nata que Filomena había comprado en la panadería ese mismo día. Había dudado en comprarlo, pues al fin y al cabo, Mario acabaría de morir y nadie tendría ánimos para tomar el postre. Pero había pensado que no tenerlo podría resultar sospechoso. Así que lo compró sin mucha convicción y ahora se felicitaba por su buen hacer. Teresa vertió lo que quedaba de medicamento en la porción de Mario.

Entonces, surgió un problema con el que no contaban: la nata reaccionó con el medicamento y se volvió de un color verdoso. Como Mario había instalado en el comedor un reóstato, la intensidad de la luz podía regularse sin tener que apagarla. Filomena bajó las luces diciendo que así sería más romántico. Gracias a la estratagema, nadie notó nada y Mario devoró la tarta sin parar de charlar con los demás.

Mario iba a levantarse para traer los licores cuando se desplomó, fulminado por una arritmia cardiaca. Patrick se dispuso a realizar una falsa reanimación, Teresa llamó a emergencias y Filomena empezó a llorar, incapaz de serenarse, mientras el resto de los comensales, consternados, trataban de consolar a la pobre Filomena. Llegaron la ambulancia y los médicos. Intentaron reanimarlo, esta vez de verdad, pero al cabo de veinte minutos hubo que asumir que Mario había muerto. Patrick certificó la defunción por causas naturales.

Acudió poca gente al entierro, pues Mario no tenía muchos conocidos y carecía de vida social. Los invitados de la fatídica cena se ocuparon de contar a los demás asistentes lo que había pasado. Todo había salido bien. Un crimen perfecto. Pero hasta los crímenes perfectos tienen sus fallos. El fallo de este pronto saldría a la luz en forma de Teresa.

Filomena y Patrick fueron discretos durante unas cuantas semanas y luego comenzaron a dejarse ver juntos; pronto dejaron de esconderse. Todo iba bien entre ellos. Filomena se mudó a casa de Patrick, a quien no le apetecía nada vivir donde había vivido Mario. El tiempo transcurría sin sobresaltos hasta el día en que Filomena descubrió a Patrick besando a Teresa. Se quedó de piedra. Gritó y vociferó, pegó a Patrick, abofeteó a Teresa, estaba fuera de sí. ¿Cómo podían hacerle esto? ¿Desde cuándo? ¿Habían cometido ya el acto irreparable? Filomena quería saberlo todo. «¿Qué lecciones vas a darme tú, que has matado a tu marido?». Fue la gota que colmó el vaso y Filomena se abalanzó sobre Teresa. La pelea siguió a puñetazo limpio, con patadas, tirones de pelo, mordiscos, mientras Patrick trataba de separarlas sin mucho éxito.

Al día siguiente, Teresa fue a la policía y lo contó todo, cuidándose de no mencionar su implicación ni la de Patrick. A lo largo del duro interrogatorio que le hicieron, Filomena se encargó de sacar a la luz la implicación de Teresa y Patrick y, como un boomerang, a ambos los metieron entre rejas. Los tres tuvieron el honor de acabar ante la *cour d'assises*.

Mientras tanto, desenterramos a Mario para hacerle la autopsia y todavía pude encontrar restos del fármaco que lo mató, que no formaba parte de su tratamiento. El juez de instrucción mandó exhumar también los cuerpos de todos los miembros de la familia fallecidos recientemente para comprobar que no había habido otros casos de envenenamiento, pero no encontramos ninguno más.

El envenenamiento ha sido siempre una cosa más de mujeres que de hombres, sobre todo cuando, en otras épocas, para matar no quedaba más remedio que usar la fuerza física, lo que en general dejaba a las mujeres peor paradas que a los hombres.

Volvamos a clase de historia: durante el reinado de Luis XIV (1643-1715) tuvo lugar el famoso «asunto de los venenos» (1672-1679), uno de los mayores escándalos de su reinado, ya que llegó a implicar a madame de Montespan, amante del rey. El caso arranca en 1672 cuando los investigadores descubrieron entre las posesiones de un difunto oficial de caballería las cartas de su amante, la marquesa de Brinvilliers, en las que esta reconocía haber envenenado a su padre y sus dos hermanos con una mezcla de arsénico y baba de sapo. La marquesa huyó primero a Inglaterra, luego a Valenciennes y después a Holanda, hasta que finalmente la detuvieron en Lieja, la extraditaron a Francia, y la juzgaron y ejecutaron en 1676 por decapitación, tras lo cual fue incinerada y se esparcieron sus cenizas.

El tema vuelve a cobrar impulso unos años después, en 1679, con el caso de unas misas negras que un cura oficiaba siguiendo un ritual supuestamente «satánico» que consistía, sobre todo, en decir la misa al revés, en ocasiones sobre el cuerpo de una mujer desnuda y con sacrificios de niños recién nacidos. El caso implicaba magia, envenenamientos y a unos cuantos grandes nombres de la nobleza, lo que llevó a Luis XIV a crear un tribunal especial al mando del teniente de policía La Reynie. La investigación condujo a la detención de varios envenenadores, entre ellos madame Montvoisin, conocida como «La Voisin», que suministraba todo tipo de pociones, algunas poco peligrosas, como las pociones de amor, pero también, por ejemplo, polvos para matar al marido, al padre o al hermano, que probablemente estaban hechos a base de arsénico. Fue a partir de esta época cuando el arsénico adquirió el título de «polvo de la herencia». Las declaraciones de la hija de La Voisin comprometieron a algunos de los grandes del reino, en particular a madame de Montespan, la favorita oficial del rey Luis XIV, que al parecer obtenía pociones de amor de La Voisin. Su intención seguramente era seguir disfrutando del amor del rey, que era poco dado a la fidelidad. Se rumoreaba que se celebraron misas negras sobre su cuerpo desnudo, aunque nunca ha podido probarse. No obstante, la acusación acabó contribuyendo a que el rey la repudiara. El asunto de los venenos se saldó con 442 acusaciones, 104 sentencias y 36 condenas a muerte, la mayoría de ellas de mujeres.

Durante tres largos siglos, fue imposible detectar cualquier veneno excepto el cianuro, que desprende un olor a almendras amargas al que solo son sensibles las personas con un determinado código genético. Así es, hay que tener un gen particular para oler el cianuro. Sin gen, no hay olor.

En 1814, Orfila (1787-1853), decano de la Facultad de Medicina de París, que era médico y químico, publicó su *Traité des poisons* [Tratado de venenos], que se convirtió en 1826 en el *Traité des poisons tirés des règnes minéral, végétal et animal ou toxicologie générale considérée sous les rapports de la physiologie, de la pathologie et de la médecine légale* [Tratado sobre venenos del reino mineral, vegetal y animal o toxicología general considerada en relación con la fisiología, la patología y la medicina forense], en un momento en que la química analítica estaba dando sus primeros pasos. En el libro describe diferentes venenos junto a los síntomas que producen, los clasifica por categorías y aborda a continuación la cuestión de los medios de diagnóstico, todavía muy limitados en la época.

Por ejemplo, la nicotina no se consiguió detectar hasta 1851, gracias a un belga. La nicotina es esa sustancia que se encuentra en los cigarrillos junto a otra serie de porquerías. En aquella época, Hippolyte Visart de Bocarmé, que habría sido conde de no ser porque su padre lo sobrevivió, pasaba por problemas económicos y esperaba solucionarnos a través de la herencia de Lydie Fougnies, con quien se había casado en 1843. Pero la parte que le tocaba a ella no era suficiente; necesitaba también la de su cuñado, Gustave. Y Gustave no solo estaba vivo, sino que encima pretendía casarse con una aristócrata arruinada. Con un nombre falso, Hippolyte se matriculó en un curso de química en la Escuela Industrial de Gante, donde aprendió a extraer el aceite esencial del tabaco. Logró obtener una gran cantidad de dosis y las fue probando en animales hasta que, durante una de sus visitas al castillo de Bitremon (en Bury, entre Tournai y Mons), le administró una a su cuñado. Gustave murió delante de su hermana e Hippolyte de un supuesto ataque de apoplejía, término que antiguamente se utilizaba para denominar la suspensión repentina de la actividad del cerebro, la mayoría de las veces a causa de una hemorragia cerebral. Las autoridades locales, para quienes la muerte no estaba muy clara, ordenaron a tres médicos hacer la autopsia y encargaron a un químico, Jean-Servais Stas, el análisis toxicológico. Stas redujo las vísceras a pequeños fragmentos y los sometió a un proceso químico, muy similar al que todavía hoy se utiliza, por el que descubrió una sustancia alcalina que identificó como nicotina: «Concluyo que el difunto ingirió sustancias venenosas. Esta sustancia es la nicotina, álcali orgánico presente en el tabaco, y uno de los venenos más agresivos que se conocen». En casa de Hippolyte, los investigadores descubrieron un laboratorio de química escondido en un falso techo. Su suerte estaba echada. Hippolyte Visart de Bocarmé fue declarado culpable y guillotinado el 19 de julio de 1851 en la Grand-Place de Mons. Si Hippolyte es la última persona en Mons en pasar por la guillotina, Jean-Servais Stas fue la primera en demostrar la presencia de nicotina.

Con Jean-Servais Stas, se inaugura toda una era científica que conduciría al descubrimiento de muchos venenos y permitiría castigar a muchos culpables. La edad de oro del envenenamiento tocaba a su fin, pues ahora que el veneno era detectable también lo era el crimen, y no se tardaba en atrapar al autor. Desde entonces, los envenenamientos han disminuido considerablemente, llegando incluso a desaparecer. Aunque se han convertido en una excepción, hay tener que cuidado con ellos, pues siguen quedando algunos y es importante no pasarlos por alto.

Por mi parte, tan solo he conocido otro caso, que conseguí destapar porque el cuerpo de la víctima presentaba un claro retraso en la aparición de la rigidez, lo que distingue a un tipo de veneno en concreto.

Hace unos años, un hombre que me había visto por la tele y al que llamaremos Franz, pidió cita con mi secretaria para una valoración. Me molestó, porque nunca examino a nadie a menos que lo ordene un juez, y no era el caso. Pensé que iba a tener que explicárselo a este hombre, pero no fue necesario: venía por un asunto completamente diferente.

—Doctor, me quedo dormido delante de la tele.

Maldije a mi secretaria por haber aceptado una cita con semejante chiflado.

—A mí también me pasa, caballero.

—No, doctor, no me está entendiendo. Solo ocurre algunos días. Me duermo y me tiene que despertar mi mujer por la mañana para ir al trabajo, y luego me quedo todo el día adormilado.

De repente, el hombre empezaba a interesarme. No estaba precisamente chiflado, sino todo lo contrario. Vivía con su mujer, Antoinette, y su hijo recién nacido en una típica casa de nueva construcción.

—¿Y solo usted presenta estos síntomas? ¿No le ocurre a su mujer?

—No, doctor.

—¿Y solo pasa por la noche, no durante el día?

—Así es.

—¿No tiene otros síntomas como náuseas, vómitos, jaquecas, desmayos, zumbidos en los oídos o dolor de estómago?

Después de agotar todo mi repertorio de síntomas, parecía que, aparte del sueño profundo, no existía ningún otro síntoma, lo que no cuadraba con ninguno de los venenos que yo conocía. Entonces se me ocurrió una idea que acabaría dándonos la solución.

—¿Come usted lo mismo que su mujer?

—Sí, doctor.

—¿No hay nada que usted tome y ella no?

Tras una breve reflexión, Franz contestó:

—Sí, el café. Me lo prepara ella mientras veo la tele. —Por fin, tenía una pista.

—¿Su mujer sabe que ha venido a verme?

—No, no quise decírselo, pensaría que estoy loco. —No me atreví a decirle que yo también me había llevado esa primera impresión.

—¿Por qué no lo ha consultado con su médico de cabecera?

—Porque no tengo.

—Bien, le propongo que hagamos lo siguiente.

Le entregué siete botes de muestras destinados normalmente a sangre u orina para que cada noche, antes de beber el café que le servía su mujer, recogiera una muestra y a continuación la guardara bien. Cada botecito llevaba una etiqueta con los días de la semana y acordamos que marcaría con una cruz el del día en que se durmiera.

—Doctor, ¿cree que mi mujer me está envenenando?

—De momento no creo nada, solo estoy tratando de entender.

No quería que hubiera un cambio en su comportamiento para no llamar la atención de su mujer, de quien sospechaba que podía ser el origen del problema, aunque aún no sabía cómo.

A la semana siguiente, Franz me esperaba con impaciencia. Tenía todos los botes, que había ido escondiendo debajo del sofá en el que se quedaba dormido frente a la tele. Siguiendo mi consejo, todavía no le había dicho nada a su mujer. Entregué los botes al laboratorio de toxicología y, una semana y dos siestecitas de diván más tarde, llegaron los resultados. Cité de nuevo a Franz para explicarle el informe, lleno de términos que bien podrían sonarle a chino antiguo a alguien inexperto. El laboratorio había revelado la presencia de altas cantidades de Valium, una benzodiazepina hipnótico-sedante, en los botes marcados con una cruz, los que correspondían a los días en que se había quedado dormido. Franz estaba consternado, a pesar de que en parte se lo esperaba después de las preguntas que yo le había hecho durante la primera consulta.

Franz puso una denuncia y la policía no tardó en presentarse en el domicilio. Su esposa confesó enseguida. Es una historia un poco loca. Antoinette había dado a luz unos meses antes y no quería separarse de su bebé. Pero tenía un amante, al que también deseaba ver. Para no sacrificar ninguna de sus apetencias, invitaba al amante a casa mientras Franz dormía en el salón.

Franz encajó bien el golpe y más adelante volvió a visitarme para pedirme una prueba de paternidad, dadas las circunstancias. Hizo bien, pues la prueba demostró que él no era el padre del bebé. Su mundo entero se desplomaba para dejar paso a una nueva vida.

UNA MUERTA SUDADA Y OTROS AHOGADOS

Los sábados por la mañana me levanto como siempre, a las 6.20, porque, para no perder el ritmo, lo más fácil es no romperlo. Hago una breve parada en el baño y otra en la cocina, solo para vaciar el lavavajillas, porque nunca desayuno, y luego voy a mi despacho, donde me paso la mayor parte del día redactando informes, contestando a mis últimos correos electrónicos, cuadrando la agenda y liquidando pagos pendientes, excepto cuando me llaman para una guardia.

Durante una guardia forense, hay una media de dos o tres llamadas diarias, esencialmente para ver difuntos, pero a veces también, por ejemplo, para examinar a una persona que denuncia una agresión sexual o a menores de los que se sospecha que han recibido malos tratos.

Son alrededor de las diez de la mañana cuando me suena el teléfono.

—¿Doctor? ¿Podría acercarse a...? Han hallado a una mujer muerta en su salón, y al personal de la funeraria le parece que hay algo raro.

Cuando los de la funeraria tienen dudas acerca de un cadáver, más vale hacerles caso y empezar a preocuparse, porque están tan acostumbrados a ver muertos que un simple mal presentimiento suyo debería exigir una investigación forense.

La casa está en una calle que bordea un río, es pequeña, y la puerta de entrada da directamente a la estancia principal, como en las viviendas obreras del siglo pasado.

Ahí está el cuerpo, tendido sobre un sofá marrón de polipiel y cubierto hasta el cuello con una manta. Anita tiene una expresión relajada en la cara, pero no hay que fiarse. Sé que un rostro sereno siempre es un alivio para los seres queridos del difunto, como un bálsamo para el corazón en un momento tan difícil, pero estrictamente no quiere decir nada, como veremos.

Anita está desnuda en el sofá y su pelo parece tener una humedad anormal, seguramente conservada por la polipiel. Los agentes me cuentan que Anita está casada con François. Viven juntos y no se les conocen problemas conyugales. La policía no los tiene en el radar. La noche anterior, después de cenar, Anita acostó a los niños, de uno y dos años, y luego vieron el programa-concurso *Vendredi tout est permis* antes de irse a dormir.

Al despertarse, hacia las ocho de la mañana, François advirtió que Anita no estaba en la cama. No se preocupó demasiado. Pensó que habría ido a encargarse de los niños, que seguramente la habrían despertado. Él tiene el sueño pesado, pero Anita se despierta con el mínimo ruido.

Tras pasar al baño un momento, François bajó y se encontró a Anita inconsciente en el sofá de salón mientras los niños jugaban en el jardín. Llamó de inmediato al médico de guardia para anunciar el fallecimiento de su esposa. El médico certificó la defunción y François avisó a la funeraria. En ningún momento contactó con el 112.

Comienzo entonces mi examen y confirmo que el largo cabello castaño de Anita está mojado, lo que es extraño. Justo en ese momento, François irrumpe en el salón.

Durante el examen de un cadáver, solo están autorizados el

forense y la policía; nadie más puede estar presente, en especial los miembros de la familia, que tienen tanta implicación emocional. Pero, ya que está ahí, le pregunto intrigado a François por qué está húmedo el pelo de su esposa. François me explica que Anita es un «radiador humano» y siempre tiene calor, hasta en invierno; que duerme con muy pocas mantas, e incluso se baja al sofá del salón porque está más fresco.

—¿Desnuda?

—Sí, desnuda; si no, le entra mucho calor.

—¿Y el pelo?

—Es normal que lo tenga mojado, suda mucho.

Pienso para mis adentros que, si nos ponemos en esas, más que sudar parece que directamente está orinando por el pelo. El primer caso de la historia, con esto tengo el Nobel al alcance de la mano. Además, observo que a Anita le sale un líquido espumoso de la nariz y la boca, en mayor cantidad todavía cuando le abro la boca. Acabo de descubrir un «hongo de espuma».

El hongo de espuma se produce cuando se mezclan el aire de los pulmones, el agua que entra en el cuerpo al ahogarse y el surfactante pulmonar que recubre las paredes de los alveolos. Es un síntoma precoz y temporal de ahogamiento. Por norma general, para las autoridades, todos los muertos que sacamos del agua entran en la categoría de ahogados. En pocas palabras, igual que un cuerpo sumergido en el agua sale mojado, todo cadáver hallado en el agua sale ahogado. Pero lo cierto que hay tres tipos de «ahogados»: los que de verdad respiran agua y mueren, los que mueren por hidrocución o choque térmico y los que estaban ya muertos cuando los tiraron al agua.

¿Cómo podemos diferenciarlos? Todos hemos jugado a meternos debajo del agua en la piscina a ver cuánto tiempo aguantamos la respiración. La duración de la apnea depende principalmente de lo entrenados que estemos, pero, a pesar del entrenamiento, siempre llega un punto en que queremos respirar. Cuando no aguantamos más, lo dejamos y salimos a la superficie. La persona que se está ahogando no consigue salir a la superficie y, tras haber logrado contener los movimientos respiratorios durante un tiempo, llega un momento en que ya no puede más y respira... agua, es decir, inhala agua.

Al cabo de un breve instante, la persona pierde el conocimiento y poco a poco entra en un coma que termina con la defunción, concretamente porque las células cardiacas no cuentan con el oxígeno necesario para funcionar. El agua entra en los pulmones de esa persona cuando todavía está viva y, por tanto, la sangre aún le circula. Que el agua entre en los pulmones de una persona viva es el origen de dos indicios fundamentales para nosotros los forenses.

En primer lugar, está el hongo de espuma que mencionaba, compuesto por el agua aspirada, el aire presente en los pulmones al ahogarse y el surfactante pulmonar. Este hongo de espuma sale por la nariz y la boca formando una especie de champiñón de color blanquecino. El problema de este indicio es que no aparece en todos los casos y en general no dura más de veinticuatro horas. Y muchos de los cadáveres que me traen llevan en el agua más de diez días, el tiempo que los gases de la putrefacción tardan en sacarlo a la superficie. Para cuando estos cadáveres llegan a mí, el hongo de espuma necesariamente ha desaparecido.

En segundo lugar, está la presencia de diatomeas, un fitoplancton (plancton vegetal) que se encuentra en el agua aspirada. Como miden de dos a doscientas millonésimas de metro, no son visibles a simple vista y se necesita un microscopio. Su escaso tamaño permite que puedan atravesar las paredes del alveolo pulmonar para pasar a la sangre y, como la sangre sigue circulando porque la persona aún está viva, se encuentran por todo el organismo. Por eso se toman muestras para comprobar su presencia. Además, en este caso, el indicio perdura tanto como el propio cadáver.

La hidrocución o choque térmico no deja ningún rastro, mientras que, si a la persona la han asesinado antes de arrojarla al agua, normalmente se encuentran otros rastros de la causa de la muerte.

Así que Anita presenta un hongo de espuma. François, al darse cuenta de mi sorpresa, comenta: «Le pasa todo el tiempo; por muchas veces que se lo quite, siempre le vuelve a salir». Así que tengo que explicarle a François que ese hongo de espuma es la prueba de que su esposa ha muerto ahogada y que, a menos que el arroyo que hay cruzando la calle haya brotado de la cama durante la noche y haya inundado única y exclusivamente su casa, tenemos un problema.

Los agentes se llevan a François para interrogarlo. Ante mis argumentos, François comienza a explicar rápidamente que la pareja no iba nada bien, sobre todo desde que nacieron los niños, dos partos muy seguidos que les había costado digerir, y que esa mañana habían tenido una discusión mientras Anita se daba un baño, tumbada en la bañera. Él perdió el juicio y le hundió la cabeza en el agua.

No quería matarla; lo que pasó, según su explicación, es que se murió enseguida, algo en realidad poco probable. Como mínimo, una persona tiene que llegar a respirar debajo del agua, lo cual lleva su tiempo, aunque en situaciones de estrés ocurra antes que cuando uno bucea en apnea tranquilamente en la piscina. Cuando se dio cuenta de lo que había hecho, la sacó de la bañera y trató de reanimarla. No llamó al 112, sino al médico de guardia, y bajó el cuerpo de Anita al salón. El médico de guardia certificó la muerte por causas, según él, naturales.

Otro asesino más que se habría «ido de rositas» si los de la funeraria no tuvieran ese instinto tan impresionante. No quiero ni pensar en lo que habría pasado si François hubiera esperado unas horas más antes de llamarlos o si se le hubiera ocurrido secarle el pelo a Anita.

Los ahogados forman parte del día a día de un médico forense, sobre todo en una ciudad por la que atraviesa un río, como es el caso de la mía. En mi hermosa Lieja, los cadáveres sumergidos, ahogados o no, normalmente salen a la superficie al cabo de diez días, aunque este periodo varía de un río a otro en función de la temperatura. También puede ocurrir que no salgan a flote hasta mucho más tarde.

Sacan un coche de un curso de agua. La policía me llama antes de alertar al fiscal de guardia, ya que no están seguros de si lo que han encontrado dentro del coche es una persona o no. Lo cierto es que, como a menudo sucede, la corriente se ha llevado las extremidades y el segmento craneal del cadáver, pero las costillas que observo en la parte superior del cuerpo son efectivamente humanas. Sacamos el cadáver para poder examinarlo. No queda gran cosa, tan solo el tronco.

Lo trasladamos a la sala de autopsias para la que será una de las autopsias más cortas de mi vida. Cuando abro el cuerpo, veo que no queda nada; el tórax y el abdomen están prácticamente vacíos. Lo único que estoy en condiciones de afirmar es que se trata de una mujer.

En cuanto a la identificación, ni hablar de hacer un estudio de los dientes o las huellas dactilares, puesto que tanto la cabeza como los miembros superiores han desaparecido. Solo queda la posibilidad de conseguir muestras de ADN y analizarlas. Pero tampoco podemos, porque para ello se requieren células más o menos intactas y, dado el estado de descomposición, en este cadáver no debe de quedar ni una.

Al final, la identificamos gracias a la matrícula del coche, que pertenecía a una mujer conocida por sus tendencias suicidas, desaparecida desde hacía tanto tiempo como el propio coche.

HISTORIAS DE LA *COUR D'ASSISES*

La *cour d'assises* es un órgano jurisdiccional especial tanto en Bélgica como Francia, en el que los jueces no son solo magistrados, sino también miembros de la sociedad civil, elegidos al azar de las listas electorales de la provincia, en Bélgica, y del departamento, en Francia. En Francia, las decisiones de la *cour d'assises* se pueden apelar desde la aprobación de una ley del año 2000, pero en Bélgica no. Igualmente, en Francia existe el riesgo de que se reduzcan sus competencias de cara a acelerar los procedimientos, que, ciertamente, son más engorrosos que en el caso de otras jurisdicciones.

Yo tenía veintisiete años y comparecía por primera vez ante la *cour d'assises* para presentar un informe de autopsia. ¡Qué momento de estrés! Y con razón: parece que todo en el tribunal está hecho a propósito para resultar impresionante, desde la cantidad de gente que te mira hasta el traje de los funcionarios judiciales, que, en el caso del presidente de la sala y el representante fiscal, es rojo, para impresionar todavía más. Según me explicaron, se visten de rojo porque uno puede condenar a muerte y el otro puede solicitar la pena de muerte: una muerte sangrienta, por decapitación, como recuerda el color de su toga.

En Bélgica, la pena de muerte se abolió hace tiempo, en 1996. En todo caso, no se practicaba desde 1918. Por tradición, el rey concedía el indulto a todo condenado a muerte que lo solicitara, hasta el punto de que se nos había olvidado que la pena capital todavía figuraba en el Código Penal.

En Francia, la última ejecución por pena de muerte fue en 1977, antes de que fuera abolida en 1981 en respuesta al inolvidable alegato de Robert Badinter ante la Asamblea Nacional.

Si se acercan a Lieja y tienen la buena idea de pasarse por el Museo de la Vida Valona, en una sala oscura del rellano del primer piso, encontrarán la última guillotina liejense. No está sola en la sala. La acompaña, tras el cristal de una vitrina, la cabeza momificada de su última víctima, el último liejense guillotinado: Noël Rahier.

A este hombre lo hallaron culpable del asesinato del cura de un pueblo cercano a Lieja, quien lo había sorprendido mientras trataba de robarle. A pesar de que negaba las acusaciones, a Rahier lo acabaron desenmascarando gracias al testimonio de varios aldeanos y al descubrimiento en su domicilio de la ropa del cura, que llevaba su nombre bordado. No era muy avispado el chaval. Ahí acabó todo, pues la *cour d'assises* no tuvo ningún problema en declararlo culpable y condenarlo a muerte. Lo ejecutaron el 26 de febrero de 1824, la última vez que la guillotina de Lieja prestó sus servicios.

Sorprendentemente, como solo pasa en Lieja, la joven universidad, que se había fundado en 1817, no disponía todavía de piezas de anatomía dignas de ese nombre, fundamentales en aquella época para enseñar esta materia a los estudiantes, así que se entregó la cabeza a un profesor cuyo nombre no ha pasado a la historia y que la momificó. Durante muchos años permaneció en la colección de neuroanatomía. Terminó metida en una caja en la que yo mismo pude manipularla en mis tiempos de estudiante auxiliar (monitor) en anatomía topográfica (disección), un privilegio poco común. Desde hace poco más de dos siglos, esta cabeza se conserva perfectamente con sus ojos cerrados y su boca entreabierta, que deja los dientes al descubierto, y todavía se distingue bien su pelo rubio. Desapareció durante un tiempo y, cuando volvió a aparecer, se donó al Museo de la Vida Valona como parte de la historia liejense. En cuanto a la *cour d'assises*, he tenido oportunidad de visitarla en más de trescientas ocasiones. Incluso he llegado a tener un poco la impresión de formar parte del mobiliario. He visto pasar multitud de magistrados, fiscales, jurados y acusados, y he vivido cantidad de historias diferentes. Aquí van unas cuantas.

Estaba aquel abogado que le decía a su becaria: «Cuando interrogas a un perito, siempre debes saber antes lo que va a responder». No se dio cuenta de que yo estaba escuchando mientras esperaba mi turno; en ese momento estaba interviniendo mi ayudante. «Doctor, usted realizó la autopsia, ¿qué puede decirnos?».

Se trataba de una historia de borrachos. Tanto el marido como su esposa eran dos perfectos alcohólicos crónicos. Me llamaron una mañana porque el hombre había encontrado a la mujer muerta al pie de la cama. Su médico de cabecera había llegado a la vez que la ambulancia, seguidos de cerca por la policía. Aquel, en contra de la opinión de la policía, pensó que la defunción era un tanto sospechosa debido al estado de los cónyuges. Acudí al lugar de los hechos por requerimiento del fiscal y descubrí huellas evidentes de estrangulamiento manual en el cuerpo de la víctima. Cuando alerté al fiscal, este remitió el caso al juez de instrucción y avisó a la policía judicial y a la científica. La autopsia permitió confirmar que la mujer había muerto por estrangulamiento manual, en base a las características marcas de uñas y dedos en las regiones anterior y lateral izquierda del cuello, incluso en la nuca. Claramente el asesino se había ensañado con su víctima; era un crimen pasional.

Aun así, el marido se defendía de las acusaciones, y la investigación acabó llevándolo ante la *cour d'assises*, donde seguía negando haber matado a su esposa. Su línea de defensa era que había entrado en la casa una tercera persona que la había estrangulado y luego se había ido. Algunas personas eligen este tipo de defensas más bien tontas; no era la primera vez que la oía (ni sería la última).

Terminé mi intervención y se levantó el abogado.

—Doctor, usted examinó a mi cliente y pudo constatar que se muerde las uñas; utilizó de hecho un término muy divertido, lo trató de onicófago.

—Así es, señor letrado.

—En esas circunstancias —continuó el abogado—, ¿podría explicarme cómo, sin tener uñas, podía dejar semejantes marcas en el cuello de la pobre víctima, su querida esposa?

—Señor presidente, mi ayudante, aquí presente, es onicófago —y, dirigiéndome a este último, le pregunté—: ¿te importaría enseñar las manos?

Mi ayudante procedió a hacer lo que le pedía.

—Señor presidente, como puede ver, tiene uñas. Onicófago significa que se muerde las uñas, no que no tenga. Y, en el caso que nos ocupa, si el acusado ha cometido los hechos por los que se le juzga, es sin duda la prueba del ensañamiento que comentaba, pues solo con ensañamiento habrían podido dejarse semejantes marcas.

El abogado se quedó atónito un segundo y después se volvió hacia su becaria.

—¿Ves? Si no sabes la respuesta, no haces la pregunta.

Otro jurado, otra historia:

—Doctor —dice el abogado de la defensa—, ha olvidado mencionar un elemento muy importante en su informe de autopsia.

—Ah, ¿sí? Le agradecería que me refrescara la memoria, señor letrado.

—Pues sí, no ha dicho usted que la víctima padecía litiasis, que tenía la vesícula biliar llena de cálculos.

—No, señor letrado, porque es irrelevante para el caso que nos ocupa.

—¿Usted cree? —continuó el abogado—. Bueno, pues se equivoca, en realidad es muy importante porque prueba que la víctima era de temperamento bilioso, colérico y agresivo. Y debido a ese temperamento que lo llevaba a agredir a mi cliente, este tuvo que defenderse.

No me lo podía creer. Claramente aquel abogado debía de tener una cultura médica sacada de las comedias de Molière. Por suerte, la medicina ha evolucionado mucho desde el siglo XVII.

—Señor presidente, pido disculpas por presentarme vestido de esta guisa. Pues, por lo que dice el señor abogado, más me habría valido comparecer ante ustedes con casulla larga y negra, sombrero puntiagudo en la cabeza y, de remate, una máscara picuda para aspirar olores que, sin duda alguna, me habrían salvado de las posibles enfermedades de esta sala, porque ese es el traje de médico de la época a la que quiere llevarnos el señor abogado. El abogado insiste en recordarnos la teoría de los humores que se inventó Hipócrates hacia el 400 a. C. y que lleva desfasada desde el siglo XVII.

El abogado aún trató de balbucear unas palabras antes de volver a sentarse mientras los miembros del jurado al completo, el juez, el fiscal y los letrados encargados de la acción civil sonreían e incluso reían discretamente. Hasta el acusado estaba sonriendo.

Otro jurado, otro caso: el de un hombre acusado de matar a una mujer de una manera impensable. Le había introducido la mano por la vagina y probablemente por el ano y le había arrancado los órganos vaciándola desde abajo. Con ese movimiento, había arrancado la aorta abdominal descendente y provocado el deceso casi inmediato por hipovolemia, es decir, por una grave pérdida de sangre. Era simplemente inaudito, increíble, inimaginable; todavía hoy me siguen faltando adjetivos para describir lo que ocurrió. Yo había estado en la escena del crimen en casa del acusado y había descubierto material orgánico proyectado por las paredes de la habitación —única estancia del estudio en que vivía— y en el sifón de la bañera, el fregadero y el lavabo. La policía había encontrado el abrigo de la víctima en el perchero durante el registro. Su cuerpo se había encontrado en un colchón enrollado alrededor de ella y abandonado en la calle unos días antes.

Al terminar mi intervención ante el tribunal, el presidente me preguntó:

—Doctor, ¿cuánto tiempo puede vivir una persona en semejante estado?

—La muerte es inmediata, señor presidente; una vez se rompe la aorta, es imposible sobrevivir.

—¿Entonces la víctima no pudo haberse desplazado hasta el domicilio del acusado, contrariamente a lo que este afirma?

—Es totalmente imposible, señor presidente.

Entonces el presidente se dirige al acusado:

—¿Sigue manteniendo usted sus declaraciones?

—Sí, sí, señor presidente, llegó así, yo no le hice nada.

—Pero acaba de escuchar al forense, que dice que es imposible. ¿Qué responde a eso?

—No sé, pregúntele a un médico.

He dejado de contar las veces que se desmaya algún miembro del jurado cuando describo los golpes que han recibido las víctimas. Aun así, sería todavía peor si apoyara lo que digo con fotos de la autopsia, pero nunca lo hago porque considero que son demasiado impactantes y podrían impresionarlos e influir en su sensibilidad en un momento en que deben reaccionar y actuar conforme a la razón. Hasta en dos ocasiones presencié también el desmayo no fingido de los acusados. Es menos común, pero también pasa.

La *cour d'assises* se ha convertido para mí en una especie de juego de rol, sobre todo con los años, pues, en ciudades pequeñas como la mía, uno acaba conociendo a muchos de los involucrados, tanto a los magistrados como a los fiscales y los abogados. Pero, aunque pueda parecer un poco sorprendente, en cuanto cruzo el umbral de la sala de audiencia es como entrar en otro mundo, donde sé que a uno no se le ahorra nada y puede llevarse todo tipo de sorpresas.

—Doctor, entonces usted practicó la autopsia del señor X, ¿qué puede decirnos?

—Disculpe, señor presidente, pero en este caso no he practicado la autopsia.

—Ah, vaya, ¿para qué ha venido entonces?

—Para hablar del examen que le hice a este hombre, señor presidente.

—¿El examen? ¿Pero entonces quién ha hecho la autopsia?

—Nadie, señor presidente, el hombre sigue vivo, acabo de estar hablando con él en la sala de espera.

Cierto es que el caso se prestaba a confusión. Este hombre había recibido un tiro con una pistola antidisturbios a menos de un metro de distancia. Le había disparado en plena calle el amante de su mujer justo en el momento en que pasaba por allí una ambulancia. Inmediatamente lo montaron en el vehículo, que iba de regreso al hospital, y durante kilómetro y medio lo llevaron con todas las sirenas encendidas hasta urgencias, justo cuando unos cirujanos vasculares terminaban una operación. No tuvieron tiempo ni de desvestirse, y nuestro hombre ya estaba entrando en quirófano. La bala lo había alcanzado en el ventrículo derecho, pero seguía vivo. Lo operaron y lo salvaron. En circunstancias tan excepcionales, se entiende la sorpresa que se llevó el fiscal. Esta fue una de las pocas veces que vi reírse tanto al tribunal como al público, e incluso al acusado.

Tuve otra ocasión de ver reír a un tribunal y no fue muy agradable, ya que yo mismo fui la razón. Estaban juzgando a un hombre por el asesinato de una persona y la violación de otra. Tuve que examinarlo mientras estaba en prisión. Más concretamente, tuve que examinar su sexo en reposo y, a ser posible, «en acción», según decía la requisitoria, y definirlo con uno de los siguientes términos: «pequeño, mediano, grande, muy grande, desproporcionado». Al leer la requisitoria, pensé que se trataba de una broma. Hasta que, incrédulo, llamé al fiscal, quien me confirmó que la cosa iba en serio.

En esas condiciones, necesitaba encontrar algo con lo que animar al hombre y suscitar la erección que debía examinar. Así que fui a una librería y le pregunté al vendedor: «¿Qué revistas pornográficas tiene?». Visiblemente desconcertado, el vendedor bajó el tono bastante más que yo y me indicó la estantería superior de la sección de revistas. Como sabía bien poco acerca de este género literario, le pedí que me recomendara un par de títulos buenos, y así lo hizo. Pero entonces le pedí también la factura y pensó que era una cámara oculta. Me costó horrores convencerlo de lo contrario. Lo cual no quita que a mí mismo me hubiera encantado ver la cara del auditor financiero del Ministerio de Justicia cuando se topó con la factura.

Así que ahí estoy yo, en la enfermería de la cárcel junto al detenido.

—Señor, soy el médico forense, tengo orden del fiscal para

examinar su pene en reposo y, a ser posible, en erección. Necesito medirlo.

—Sí, me avisó mi abogado, ya podrían haber mandado a una piba.

—Lo siento, señor, habrá que hacerlo de todas maneras. Le he traído unas revistas para ayudarlo.

Tras medir el miembro en reposo, le señalé un cuartito donde podía meterse. Después de un largo rato, volvió a la sala y me mostró lo que había conseguido en semejantes condiciones, y no era gran cosa.

—No tiene una erección completa, pero nos apañaremos.

—Ya sabe, doctor, no es fácil en estas condiciones. —Yo, desde luego, no pensaba contradecirlo.

Llegó mi turno ante el tribunal. En primer lugar, presenté mi informe de autopsia y entonces el presidente, con esa sonrisita que se le daba tan bien, dijo:

—Doctor, le encargamos otra tarea debido a las declaraciones de la señora Y, que dijo haber sido forzada a realizar una felación al señor X, cuyo sexo describió con las siguientes palabras: «Era enorme». Así que le pregunto qué ha podido constatar usted al respecto.

Conque esa era la razón de mi misión especial.

—Pues bien, señor presidente, conforme a su requisitoria fui a prisión y examiné el pene del señor X en reposo. Sin embargo, en acción fue más complicado.

No había podido acabar la frase cuando el acusado, claramente ofendido en su virilidad, se levantó y declaró:

—Señor presidente, estoy a disposición del doctor cuando quiera para demostrarle que soy un hombre.

Sin perder aplomo, añadí:

—No será necesario, señor presidente, pues tenemos un doble problema que hace que el examen sea muy difícil de inter-

pretar. Por una parte, no existe ningún tipo de diagrama, tabla o sistema de referencia que nos permita establecer qué es un pene pequeño, mediano, grande, muy grande o desproporcionado.
—Hasta aquí todo iba bien, pero la cosa iba a complicarse. Yo había esperado poder acercarme al presidente antes de la comparecencia para comentárselo. También había intentado llamarlo por teléfono, pero, obviamente, no había contestado—. Por otra, ¿cómo decirle, señor presidente? Como sabe, en la vida todo es relativo, también en este caso. Lo que es pequeño para unos puede ser grande para otros.

—¿Qué quiere decir, doctor? ¡Explíquese! —me ordenó el presidente con tono imperativo.

Estaba acorralado, así que me lancé y, con toda la delicadeza de la que fui capaz, dije:

—La estimación del tamaño del sexo de este señor depende de la anatomía de la señora. Es decir que, en todo caso, habría que compararlo con su capacidad de apertura bucal.

Estallido de risas general. Suspensión de la sesión. Qué vergüenza.

EPÍLOGO

«¿CÓMO PUEDE DEDICARSE A ESTO, DOCTOR?»

«¿Cómo puede dedicarse a esto, doctor?» forma parte de las preguntas más habituales que me han hecho a lo largo de mi carrera, junto a «¿Cómo lo hace, doctor?», «¿No se sueña por las noches?», «¿Cómo sigue viviendo con las cosas que ve?». En pocas palabras, todas estas preguntas podrían sintetizarse en una sola: «¿Es usted una persona normal, doctor?».

Es una buena pregunta, pero creo que puedo responder afirmativamente. Vivo como todo el mundo, con mi familia, con una vida social ajetreada, pues tengo buenas relaciones con muchos colegas y amigos. No pierdo oportunidad de divertirme y mis almuerzos son sagrados; casi siempre quedo a comer en algún restaurante, excepto cuando estoy de guardia. No tengo perversiones conocidas y, ante todo, mi cerebro funciona por cajones. La medicina forense es un cajón, mientras que mi vida extraprofesional se organiza en muchos otros cajones sin interconexión entre ellos, a menos que yo lo decida.

Hace unos años, me acompañó al trabajo un equipo de televisión. Estábamos en el coche, en el trayecto entre el examen de dos difuntos, y la cámara estaba grabando sin que yo me hubiera dado cuenta cuando Sophie, la periodista, me preguntó: «¿Y cómo se sale de algo así, doctor?». «Por la puerta», le dije. Una respuesta que la dejó un tanto perpleja, pero que, desde mi punto de vista, era completamente acertada. Acabábamos de ver un cadáver. Lo más probable es que fuera su primer muerto y para ella había sido una sacudida, una fuente de interrogantes existenciales (¿Quién soy? ¿De dónde vengo? ¿Cuál es el sentido de la vida? ¿Hay algo después de la muerte?) para las que la medicina forense, por supuesto, no tiene respuesta. En tres palabras la traje de golpe de la filosofía a la realidad, con una pizca de humor.

He de concluir, no porque no me queden historias por contar, sino porque todo llega a su fin, tanto este libro como la vida misma, así que no se olviden de disfrutar de ella mientras les sonría, con respeto a uno mismo y a los demás, antes de que la que les sonría sea la muerte.

«Para viajar lejos no hay mejor nave que un libro».
Emily Dickinson

Gracias por tu lectura de este libro.

En **penguinlibros.club** encontrarás las mejores recomendaciones de lectura.

Únete a nuestra comunidad y viaja con nosotros.

penguinlibros.club

penguinlibros